英会話教室に行く前に
身につけておきたいネイティブ発想

英会話イメージリンク習得法

著者 遠藤雅義
英文監修 Victoria Bloyer

英会話エクスプレス出版

contents

はじめに 8

第1章　英会話習得の心構え 13
　第1節　英語に興味をもつ 13
　第2節　新しい自分を許容する 16
　第3節　学習を自分に合わせる 18
　　　　　Coffee Break 20

第2章　英語を理解するために必要なこと 23
　第1節　文化の違いが表現に顔を出す 23
　第2節　英語の表現方法を3つの視点から理解する ... 26
　　　1　英単語は日本語に訳せない 26
　　　2　英文は単語の並びで流れをつくる 31
　　　3　話の流れを理解する 32
　第3節　英文とイメージを結びつける 34
　　　1　英文と日本語訳を結びつけない 34
　　　2　体を使ってイメージを深める 35
　　　　　Coffee Break 37

第3章　英会話の習得に必要な時間を確保する 41
　第1節　インプットに多くの時間をかける、
　　　　　アウトプットの場を確保する 41
　第2節　継続すれば学習時間は確保できる 44
　　　1　まず始める 44
　　　2　習慣にすれば継続できる 44

　　　　3 学ぶ場所や学習内容を決めつけない 46
　　　　4 ときには短期集中で時間数を伸ばす 47
　　　　Coffee Break 49

第4章　英会話イメージリンク 53

　第1節　イメージング 54
　　　　Coffee Break 57

　第2節　リピーティング 58
　　　　1 単語の発音を学ぶ 59
　　　　2 単語間の音のつながりを学ぶ 59
　　　　3 センテンス内の強弱を学ぶ 60
　　　　4 文の区切りを学ぶ 61
　　　　5 リピーティングに適した音源 62
　　　　Coffee Break 63

　第3節　段階的音読・暗唱 69
　　　　1 暗唱で自分のレベルを確認する 69
　　　　2 段階的音読・暗唱で再現できる範囲を広げる 70
　　　　Coffee Break 77

第5章　結論を表す動詞のはたらき 79

　第1節　先に結論、後で説明 79
　　　　1 「SV」は結論部分 79
　　　　2 「V」の後にくるもの 80
　　　　Coffee Break 82

　第2節　be動詞と一般動詞のはたらき 84
　　　　1 be動詞は「イコール」を表す 84
　　　　2 一般動詞は「矢印」を表す（SVO） 85

contents

    3 矢印の宛先がない動詞(SV)..................................88
    4 矢印がイコール+αを表す動詞(SVC)..................90
    5 人とモノのやりとりをする動詞(SVOO)..................92
    Coffee Break..94

 第3節 動詞の派生語..96
    1 現在分詞ingは進行している状態を表す..................96
    2 過去分詞edは完全な状態を表す..................98
    Coffee Break..102

第6章 結論と説明のつなぎ方..104

 第1節 先に状態を宣言、すぐ後で内容を説明..................104
    Coffee Break..110
 第2節 先にモノを宣言、すぐ後で内容を説明..................112
    Coffee Break..116
 第3節 先にモノを述べて、すぐ後で状態を説明..................118
    Coffee Break..121

第7章 時制 その1 現在形..122

 第1節 「present」の意味..122
 第2節 現在の静的な状態を表す..................124
    Coffee Break..130
 第3節 未来を表す表現..................132
    1 will..132
    Coffee Break..138
    2 be going to do..139
    3 be doing..140

4 will be doing ... 142
　　　Coffee Break ... 144

第8章　時制　その2　現在形、過去形 ... 145

第1節　現在形have+過去分詞（現在完了形） ... 145
　　　Coffee Break ... 154

第2節　【Advance】現在分詞と過去分詞の組み合わせ ... 155
1. 過去分詞×現在分詞（現在完了進行形） ... 155
2. 現在分詞×過去分詞（進行受け身） ... 158

第3節　過去形 ... 161
1. pastの基本イメージ ... 161
2. 遠くに離れている感覚で使う ... 161
3. 相手と距離を取って丁寧さを表す（依頼表現） ... 164
4. 現実と距離を取って気持ちを込める（仮定法） ... 166
　　　Coffee Break ... 171

第4節　英語における時制感覚 ... 173
1. 英語と日本語で時制がズレる理由（時制の一致）... 173
2. 英語の時制は話し手の遠近感を反映する ... 176
　　　Coffee Break ... 178

第9章　英語の原始的構造 ... 179

第1節　話し手の立ち位置 ... 179
1. 日本語は場に入り込む ... 179
2. 英語は場から切り離す ... 180
3. 脳における自他分離の処理 ... 181
　　　Coffee Break ... 183

contents

第2節　subjectと主語 184
　■1 subjectの基本イメージ 184
　■2 subjectと主語の間のズレ 184
　　Coffee Break 186

第3節　英語の原始的構造 187
　■1 objectの基本イメージ 187
　■2 英語は静・動の組み合わせ 188
　　Coffee Break 190

第4節　静・動で英文を理解する 191
　■1 強調構文 191
　■2 疑問文 193
　■3 want+人+to do 194
　■4 SVOC 197
　■5 使役構文 199
　　Coffee Break 202

第10章　モノの表現方法（冠詞と名詞） 206

第1節　モノの表現方法 206
　■1 冠詞の有無による違い 206
　■2 英語は外枠から中身への順序 209
　　Coffee Break 214

第2節　枠のある表現 215
　■1 one（数詞） 215
　■2 a/an（不定冠詞） 217
　■3 the（定冠詞） 219
　　Coffee Break 224

	第3節	枠のない表現	226
		1 枠に入れない場合（単数形）	226
		2 枠に入れることができない名詞	227
		3 枠に入れない場合（複数形）	230
		Coffee Break	232
	第4節	「先に結論、後で説明」と「外枠から中身へ」	233
	第5節	【Advance】名詞の起源	236
		Coffee Break	237

おわりに ... 240

ストーリーについて ... 244
「英会話エクスプレス」とは ... 244
あらすじと登場人物 ... 245
音声の無料ダウンロードについて ... 249

参考文献 ... 250
スペシャルサンクス ... 254

はじめに

Be-Do-Have

　本書をお読みいただいているみなさんの最大の関心事は「英会話ができるようになるにはどうしたらよいのか」ということだと思います。そして、これまでに英会話の学習を始めて、なかなか思い通りにいかず、何となくやめてしまったという経験もあると思います。

　その原因として、やり方がまずかったからだと思っている人が多いのではないでしょうか。しかし、やり方がどうこうという前に、英会話ができるようになるかどうかは、実は学習を始める前から決まっているのです。語学の才能の問題でしょうか。いいえ、日本語を不自由なく話している人なら英会話を習得する語学の才能はじゅうぶんにあります。

　では英会話ができるようになる人とそうでない人はどこが違うのでしょうか。それは実にシンプルなことで、**英会話ができるようになる考え方や姿勢が身についているか**どうかです。

　その考え方や姿勢とは、**英語そのものに興味をもつ**ことです。また、**英語表現に含まれている自然さを理解しよう**とすることです。そして、**英語学習を習慣にして日常生活に組み込む**ことです。

　このような考え方や姿勢が身についていれば英会話はできるようになります。そんなことはどうでもいいから、とりあえず「やるべきこと」を教えてほしいと思っている人は、残念ながら英会話がで

きるようになるのは難しいと思います。

　英語に「Be-Do-Have」という標語があります。「なる→する→もつ」ということですが、重要なのはこの順番です。つまり、何かを得たい（Have）と思ったら、まず行動する（Do）のではなくて、まずそれを得るのにふさわしい存在になる（Be）必要があるのです。
　英会話でいえば Have は英会話ができるようになること、Do は英会話の学習をすること、Be は英会話ができるようになる考え方や姿勢を身につけることです。
　本書の主な目的は、みなさんに英会話ができるようになる考え方や姿勢を身につけていただくことです。つまり、本書は Be の部分を中心に解説した英会話入門書なのです。

I'm home! と Home!
　このような本書の方針を1つの例文でみていただきましょう。I'm home! 家に帰ったときの「ただいま！」というあいさつです。このとき I'm はごく弱く小さな声で発音して、元気に発音するのは home! だけです。
　聞き手に実際に聞こえるのは home! だけということも珍しくありません。ですから話し手も I'm を省略してしまって Home! で済ませてしまうこともあります。
　しかし、ここで大切なことがあります。それは、ネイティブは Home! としか言わないときも、**頭の中に一瞬 I'm が浮かんでいる**ということです。そうしないと気分的に居心地が悪いのです。

　一方、日本語の「ただいま！」ですが、このあいさつは「ただいま帰りました」の省略形であるとは言えても、「私はただいま帰りました」の省略形とは言えません。なぜなら日本人の頭の中には一瞬たりとも「私は」という主語が浮かんでいないからです。
　日本語は基本的に「主語抜き」なので、英会話を習得するときにやっかいなことが起こります。私たちが「これは英語ではなんて言

うのだっけ」と思い出そうとしたときに**「主語つきの文章」がなかなか浮かんでこない**のです。英会話を習得するにはこのような英語と日本語の違いを理解することが大切です。

本書では、なぜ英語を話す人は Home! としか言わないときも頭の中に一瞬 I'm が浮かんでいるのか、というような一見英会話の習得に直接関係ないようなことを説明していきます。そしてそれがネイティブの発想を理解して、英語を自然に話したり聞いたりするための近道だったと、みなさんに納得してもらうことを目指します。

You said it! と Well put!
　英会話を習得していく過程は**「自分が使える英文を蓄積していく」**過程です。「自分が使える英文」は言い換えれば、自分の中でイメージをつくることができる英文です。そのようなイメージと結びついた英文を蓄積していくことが英会話を学ぶということなのです。
　例えば、英語にはこんな言い方があります。You said it! これは「上手いことを言ったもんだね」と相手をほめるときの表現です。
　この表現がそういうときに使われることを知らないで You said it! を訳せと言われたら、いくら考えても「君はそれを言った！」以上のものは出てこないでしょう。しかし、話の流れがあれば You said it! のニュアンスに気づく勘の良い人もいるはずです。
「イメージと結びついた英文」というのは、実際にその表現が使われる状況と、結びついている英文ということです。言い換えると、そのような状況になったときに自然と口から出てくる英文、つまり「自分が使える英文」なのです。

はじめに

You said it! とほとんど同じ意味の表現に Well put! があります。これは直訳すると「よく置かれた！」ですが、相手が状況にピタリとはまることを言ったときに「上手いこと言うじゃないか」というニュアンスで使います。こういう「イメージと結びついた英文」を蓄積することで、その場に対応した英語がスムーズに出てくるようになります。

では、どういう考えをもって学習したら、イメージと結びついた英文を蓄積していけるのでしょうか。本書ではそれを3つの要素に分けて考えていきます。

1つ目は「心構え」です。英文を使えるようになるために、どういう心構えをもてばよいのかを説明します。

2つ目は「理解」です。英文を理解することとは、その英文が表しているイメージを自分のなかにつくりあげることです。そのときどうすれば詳しいイメージをつくりあげることができるかを説明します。

3つ目は「時間」です。自分が使える英文もイメージと結びついた英文も蓄積するには時間がかかります。そのため学習を続けられることがポイントになります。そこで、どのような考え方をもてば続けることができるのかを説明します。

いま挙げた3つの要素を掛け合わせた「心構え」×「理解」×「時間」を「英会話習得の方程式」と呼ぶことにして、次章からそれぞ

れの要素を詳しく確認していくことにしましょう。

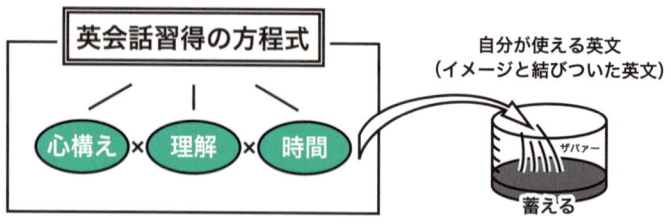

※注意

　本書は、第1章から第3章までは英会話ができるようになる考え方や姿勢（Be）について述べており、第4章はその考え方に基づいた学習方法（Do）について述べています。そして、第5章以降は英会話習得の方程式における「理解」に焦点を合わせて、テーマごとに英語表現に含まれている自然さを解説しています。

　本書は最初から読むことをオススメしますが、**途中の章から読んでいただいても問題ありません**。みなさんの興味や関心に応じてご活用ください。

Coffee Breakについて

　本書では節目ごとにCoffee Break（ひと休み）を設けています。Coffee Breakの登場人物は著者の遠藤とアシスタントの今井くんです。今井くんは大学で研究のかたわら留学生のお世話をしています。日常英会話には不自由していませんが、英文法はいまでも苦手です。本書でもそのような立場から意見を述べています。趣味は武術です。

第1章
英会話習得の心構え

第1節　英語に興味をもつ

　いま英会話を習得しようとしているみなさんは中学、高校で英文法の基礎を学んでこられたことと思います。

　中学校では代名詞の主格や所有格、目的格を I, my, me と暗記しました。現在、過去、未来のことをどう表すのかも学びました。高校では仮定法などという、いまだによくわからないもの（と思っている人が多いと思います）も教えられました。

　みなさんの頭の中にはそのとき学んだ英文法がけっこう残っていると思います。もちろん、それはみなさんの大切な財産です。I, my, me から始めるよりも大きなアドバンテージです。

　しかし本書では昔習った英文法を思い出していただくよりも、**鵜呑みにしたルールは忘れてください**とお願いすることが多くなります。文法のルールを英文にあてはめて解釈するのではなく、英文を英語のまま理解することが英会話には必要だからです。

　そのためには、どのような学習をしたらよいのでしょうか。それが本書のテーマですが、心構えとしてはまず英語という言語に関心をもつことが必要です。

　英語には日本人からみると不思議な言い回しやなじみにくい表現

がいろいろ出てきます。これまでは英語とはそういうものだと受け取ってきたと思いますが、これからは少し考え方を変えていただきたいと思います。

英語の言い回しや表現に違和感を覚えたときは、むしろそれをチャンスだと考えてほしいのです。ネイティブがこの表現を自然なものと感じるのは、どんな発想をして、どんなイメージを思い描いているからだろうか、と考えてもらいたいのです。そういう関心と興味をもって英語の世界を探求する心構えをもっていただきたいと思います。

That's well put!

例えば、先ほど例に上げた Well put! は（I'm）Home! と同じように主語と動詞が省略されています。この Well put! をみたときに「ここで省略されているのはどういう単語だろうか」と考えてみるのも面白いと思います。

そうして、これはたぶん That's well put! という表現の that's（=that was）が省略されたものじゃないか、と見当がついたとしましょう。That は何か上手いことを言った相手の言葉を指します。

「探求」はここからです。この That's well put! を同じ意味だといった You said it! と比べてみてください。that と it という違う指示語が使われています。「ああ、じゃあ That's well put! じゃなくて It's well put の省略だったのか…」と思わないでください。That's well put! で良いのです。

では、この that と it はどこが違うのでしょうか。実は You said it! の it は相手の言った上手い言葉を直接指していません。「君はこの場の状況をじつに上手く言い表したね」という「この場の状況」を指しているのです。

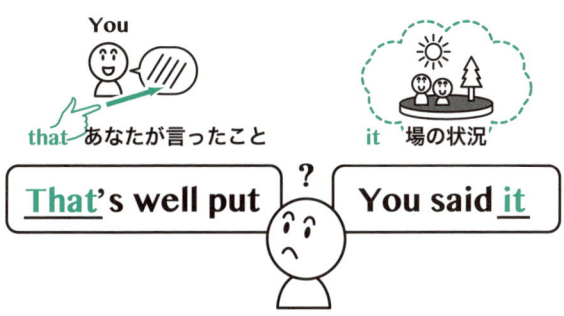

　that が指しているのは「相手の言葉そのもの」で、it が指しているのは「その場の状況」です。これは次の英文をみるとよく分かります。

You said it with that!
君はその言葉でこの場の状況をピタリと言い表したね！

　ひとつの文に it と that が現れると、その違いがよく分かりますね。なかなか面白い探求だと思いませんか？　先ほど「イメージと結びついた英文を蓄積する」と言いましたが、それはこのように it と that に対してのイメージをつかんでいくことでもあります。

第2節　新しい自分を許容する

　英会話を習得する心構えの2つ目は「新しい自分を許容する」です。これはとりあえず、**英語がうまく話せない自分、聞き取れない自分を受け入れる**ということです。

　日本語をたくみに操って社会生活を営んでいる大人が、英会話を学習しようとして英語を話し始めたとたんにコミュニケーション能力の低い人間にランク付けされてしまいます。

　これは当たり前のことなのですが、実際にはなかなかそういう自分を許容できません。英会話教室に行っても積極的に話そうとしない人のなかには、話せないのではなく幼稚なことを言いたくないとか、間違った言い方をしたくないと考えて尻込みしている人が必ずいます。

　このように、最初は考えていることと話せることのギャップが非常に大きくなります。英会話を学ぶ人はみんな、この「精神レベルとのギャップ」に苦しめられることになります。これはなかなかシンドいことではありますが、学び続けていくうちに少しずつ楽になってきます。それまで辛抱強く継続することが大切です。

　上手に話せるようになってから話そうと考えると、一生話せるようにはなりません。英語を話せない自分を許容して「まず話してみる」勇気をもっていただきたいと思います。

　英語を話してみると、また違う問題がでてきます。**「新しい言語を話す自分」は「母国語を話す自分」とは少し違ったものになっている**からです。その違いを許すことができるかどうかが、英語に前向きに取り組めるかどうかを分ける1つのポイントになります。

　「新しい言語を話す自分」がいままでの自分と少し違ってしまうことは、どうしても避けられません。日本人でも中国語をしゃべれば中国人っぽくなります。アメリカ英語をしゃべればアメリカ人っぽくなります。

これは日本語でも同じです。地方出身の方はわかると思いますが、方言を話しているときの自分と、標準語を話しているときの自分はまったく同じ人格ではないはずです。なかには標準語が話せるようになっても、標準語を話す自分は本当の自分ではないと思っている人もいるくらいです。

　同じように英語を話す自分を積極的に受け入れられないような気持ちがあるとしたら、その気持ちが英会話の上達をじゃますることがあります。平たく言うと、アメリカ人っぽい自分を受け入れる必要があるのです。

　最初は「こんなの本当の自分ではない」と感じるかもしれませんが、結局は自分のもっている一部が表に出てきているだけです。怖がらずに積極的に自分のなかに眠っているアメリカ人を演じてみてください。

第3節　学習を自分に合わせる

　みなさんはこれまでに一念発起して英語教材を買って学習を始めた経験があると思います。しかし、普通に生活をしていたら何かしら急用が入ってきたりするものです。急に残業を頼まれたり、子どもが風邪を引いて迎えに行かなければいけなくなったりで、十分な学習時間がとれなくなることはよくあります。

　学習が計画通りにいかなくなると目標を達成しようと焦ってしまう方は多いと思います。そういうことが積もっていくと、だんだん英語を学習することが嫌になってきます。そうして適当な理由をつけて英語学習から距離をおくことになってしまうのです。

　学習計画を立てるときは急な用事や想定外のハプニングがあるということも含めて考えておかなければなりません。私たちが英語学習を志すときは、たいがい気持ちが高ぶっているときです。学習計画も毎日30分とか1時間という高い目標をたてがちでしょう。しかし英語学習を志す前の日々がそれなりに忙しかったように、これからも忙しい日はあるはずです。

　まずはそれまで自分が送っていた生活を無視しないことが大切です。従来の生活スタイルのなかに無理のない範囲で英語学習を組み込む、と考えてみてください。**英語学習を自分自身の日常生活に合わせる**ことがポイントです。

常にプラスの自己評価をする

　そのようにして立てた計画に対して毎日どのくらい学習できたかを振り返るときには、「常にプラスの自己評価をする」という姿勢が重要です。

　「何年後に英語がペラペラに話せるようになりたい」といった長期的な目標に対する自己評価は、どうしてもその理想像に対してどれ

ほど足りていないかを測ることになってしまいます。**長期目標からは常に「マイナス」になる**のです。

　しかし、人はマイナスばかり考えていたら前向きにはなれません。そのため日々の学習目標に対する評価を行うときは、何もしなかった場合（ゼロ）を基準として、少しでも何か学習を行ったらプラスの評価を行うべきです。たとえ毎日10分の学習が目標で、実際には毎日5分しかできなかったとしても、それは「マイナス」ではなく「プラス」として評価しましょう。毎日5分学習した、という事実をちゃんと評価をしてあげるべきなのです。

　私たちはどうしてもあるべき像、なりたい自分からの逆算でものごとを捉える傾向があります。もちろん理想像を意識することは大切ですが、そればかりを考えていたら今日の一歩を評価できなくなってしまいます。その結果、明日の一歩が踏み出せなくなってしまいます。毎日の学習に対しては常にプラス評価を行って自分を励ますことが必要なのです。

　英会話を習得するまでの長い期間には浮き沈みがあると思います。しかし、どんなときも「今日の小さな一歩」を踏み出すことしか前に進む方法はありません。焦らず、気負わず、丁寧に英会話の学習を進めていきましょう。

Coffee Break

英語に興味をもつ

今井 「鵜呑みにしたルールは忘れてください」というのはどういう意味でしょうか。

遠藤 英文を読んだときに「ああ、これは現在完了の経験だな」という文法の説明を思い出してそれでOKという気にならないでほしいのです。それだけでは英文のニュアンスを充分捉えていないということを本書で詳しくお話ししていきます。

　また、文法書の説明で腑に落ちないところが出てきたときは、ムリに納得して自分の疑問を押し殺さないようにしてもらいたいと思います。「英文法の参考書に書いてあることは間違いないんだから、自分のほうが何か間違えているのだろう」と疑問を押し殺してしまうと、結局参考書に書いてあることが自分の中で消化できず実践の場で使えなくなってしまいます。

新しい自分を許容する

今井 「精神レベルとのギャップ」は面白いなと思いました。確かに英会話を学び始めて最初に感じるのは「いい意見があるのに言葉が出てこない」「面白い話があるのに言えない」ということだと思います。

遠藤 そうですね。「精神レベルとのギャップ」を抱えながら英語で話をしていると、言いたいことが言えないもどかしさとともに、よほど強い心臓をもっていない限り「羞恥心」を抱いてしまいます。この羞恥心が英語を前向きに捉えられなくする厄介なシロモノなのです。

今井 僕は「恥ずかしいから英語を話したくない」と言うのは日本人だけかと思っていたのですが、そうではないということを最近知りました。

　僕の知り合いに最近スペイン人の女性と結婚したドイツ人がいます。彼女が彼の実家に行ったら彼のお父さんお母さんと話をするわけですが、やはり共通の言語は英語になるそうです。ただ、彼の両親はそんなに英語が話せるわけではないらしいんですね。

お父さんのほうはブロークンだけど「とりあえず話す、言うだけ言ってみる」という感じだけど、お母さんのほうは「話せるようになったら話すから」という感じでまったく話さないそうです。

遠藤 そういう羞恥心は人間誰しももっているものだと思います。しかし、それを乗り越えていけるかどうかが英会話が上達していく人といかない人との差になります。みなさんにも、ここはぐっと堪えてもらいたいところですね。

学習を自分に合わせる

今井 計画を立てるのは難しいですよね。僕は計画を立てるのは好きではありません。どうしてもきれいな計画をつくろうとして、計画をつくることが目的みたいになってしまうからです。

遠藤 計画は実行しない限り「絵に描いた餅」ですからね。そもそも計画は、今日これからの行動を変えるために立てるものです。行動が変わらないような計画は無意味です。行動をサポートしてくれる計画、自分の日常生活からかけ離れていない計画を立てることが大切です。

今井 計画を立てるには「こうなりたい」というゴールが必要だと思います。でも、そのゴールが不明確だったり、目標が高すぎる人が多いような気がします。

遠藤 英語を何に使うのかが明確なほど学ぶべき内容も明確になります。明確な目標はこれから何をするべきかを自然と導いてくれます。だから、いま目標が明確にもてていない方は無理矢理でも設定してみることをオススメします。それも高すぎる目標ではなく、どこかのテレビ番組でやっているような「街で道がわからなくて困っている外国人を見つけて道案内をする」といった目標でもいいと思いますよ。

今井 そういう具体的な目標のほうが行動に結びつきやすそうですね。みなさんいきなり短期間でネイティブ並みの会話ができるようなレベルを目指そうとするから、上手くいかずに挫折してしまっているような気がします。

遠藤 英会話の習得は挫折しないことが重要です。挫折を繰り返すと一度学習をやめてしまった自分を乗り越えないといけなくなります。学習

を再開するのに多くのエネルギーが必要になるのです。挫折しないためにも計画には余裕をもたせて、短期間ではなく長期間で目標を達成しようとすることを心がけてもらいたいですね。

第2章
英語を理解するために必要なこと

英会話で英語表現を使いこなすには、その表現について納得している必要があります。「どうしてこんな言い方をするのか」が腑に落ちないと、つまり自分にとってある程度それが自然な表現にならないと、なかなか英語を使いこなすことはできません。では、そのレベルまで理解を深めていくにはどうしたらよいのでしょうか。

第1節　文化の違いが表現に顔を出す

英語への理解を深めていく手がかりとして、まず文化の違いを取り上げます。英語は英語文化と、日本語は日本文化と密接に関係しています。

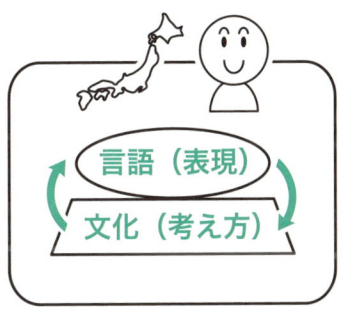

文化の違いは表現のさまざまなところに顔を出してきますが、ここでは私たちが英会話の現場で迷いやすい「相手の呼び名」につい

て考えてみましょう。日本文化においては相手を「役割や関係」で呼ぶことが多く、英語文化においては自分との距離で呼ぶことが多いという傾向があります。

お母さんから「晩ご飯ができたからお兄ちゃんを呼んできて」と言われたとき、日本語では「兄ちゃん、ご飯だよー」と呼びかけます。しかし、英語では「My brother, dinner is ready!」とは呼びかけません。普通は「John, dinner is ready!」と兄の名前（もしくはあだ名）で呼びかけます。

日本語では「兄ちゃん」という役割で呼びかけていますが、英語では「John」という自分との距離が近いことを表すファーストネーム（名前）で呼びかけています。

隣に住んでいるおばさんから何か親切にされたとき、日本語では「おばさん、ありがとう！」と呼びかけます。しかし、英語では「Thank you Mrs. Brown!」と敬称（Mrs.）＋ファミリーネーム（苗字）で呼びかけます。このように自分との距離が近くないときには敬称＋ファミリーネームが使われます。

Mrs. Brown は、あなたが何度も訪ねて親しくなってきたら「Call me Jody.」とファーストネームで呼ぶようにリクエストしてくるかもしれません。日本ではいくら親しくなっても隣のおばさんを呼ぶときは、「おばさんー！」と、自分との関係を表す呼び名のままです。「典子ー！」などと名前で呼ぶことは考えられません。そのため、隣のおばさんを「Jody!」とファーストネームで呼びかけるのは、たいへんな違和感があると思います。

このように英語文化では距離が近いかどうかで呼び名が決まり、役割や関係はさほど重視されません。では「ファーストネーム」と「敬称＋ファミリーネーム」の中間を表す表現はないのかというと、そのような呼び名もあります。

幼稚園から小学一年生くらいまでは担任の先生のことを「Mrs.

Jody!」と敬称＋ファーストネームで呼びます。こうすることで丁寧さと距離の近さを表しているわけです。しかし、小学二年生くらいからは「Mrs. Brown」に切り替わっていきます。敬称＋ファーストネームは形式としては中間にあたりますが、その使われ方から「子どもっぽい呼びかけ」になってしまうので注意してください。

　呼び名を例に挙げて考えてきましたが、このような**文化の違いは言語のいたるところに顔を出します**。英語を読んだり聞いたりしていて違和感のある表現に出会うことはよくあることです。そのとき、その表現を無理やり暗記する以外に、背後にある考え方や文化から理解していく方法もあるのです。

　そのような表現の背後にある考え方や文化を探っていくことは、英語を身近なものにしてくれます。そして何より楽しいことです。ぜひ英語の世界を探求することを楽しんでいただければと思います。

第2節　英語の表現方法を3つの視点から理解する

　英語の表現方法について「単語」「文」「話の流れ」の3つに分けて考えます。

1 英単語は日本語に訳せない

　英和辞書を引いていると、たくさんの意味が書いてある単語に出会います。というか、1つの意味しか掲載されていない単語はあまりありません。

　例えば、手もとの英和辞書で take を引いてみると次のような意味が掲載されています。

> take　⑴ 手に取る
> 　　　⑵ 買う
> 　　　⑶ 連れていく
> 　　　⑷ 乗る
> 　　　⑸ （人目を）引く
> 　　　⑹ 選ぶ
> 　　　⑺ （席に）つく
> 　　　⑻ 採用する
> 　　　⑼ （授業を）受ける
> 　　　⑽ 受け取る
> 　　　⑾ 摂る
> 　　　（※以下略）

　ずいぶんたくさんありますが、よくみると日本語の「とる」という言葉に近い意味が並んでいます。じつはこの「take」と「とる」の関係に英単語というものを理解するポイントがあります。結論を先に述べると英単語は大和言葉に近いのです。大和言葉とは中国か

ら漢字を輸入する前に日本で使われていた言葉です。平仮名だけの言葉といってもよいでしょう。

「とる」は大和言葉で、日常生活のいろいろな場面で使われています。漢字を当ててみると、取る・撮る・摂る・採る・捕る・執る…のように実にたくさんの意味で使われています。このように漢字を当ててみないと大和言葉の「とる」の意味は定まりません。

　当然ですが、英語に漢字はなく、アルファベットという音を表す文字しかありません。そのため、英単語も大和言葉のように**１つの言葉が多くの意味を抱え込む傾向があります**。そして、その単語がどのような意味で使われているのかは、英文のなかでの使われ方や話の流れといった場面に依存しています。

　もちろん英単語の意味が場面に依存するとはいっても、１つの単語がどんな意味も表すことができるわけではありません。そこで、単語が表すことができる範囲というものを考えてみたいと思います。

　これを理解するために「砂地に広げた網」を想像してみてください。網を取り除くと、そこには何の変哲もない砂地があります。この「網」が言語で、「砂地」が現実です。私たちは現実のうえに「網」をかぶせ、「網目」ごとに単語を対応させることで、現実を描写しているのです。

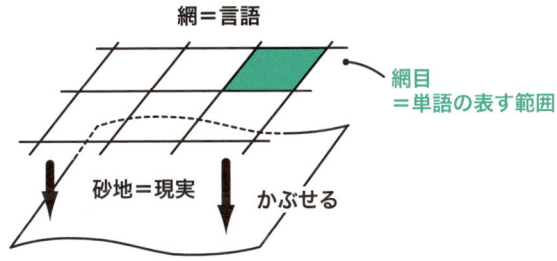

　現実そのものはいろいろなモノが混じり合っていて、きれいに区分けできるようなものではありません。私たちはそのような現実に対して言語という網をかぶせ、その網目で区切ることによって、混

沌とした現実を理解しようと試みているのです。

　この網目は言語によって異なります。**1つの現実に英語の網と日本語の網を二重にかぶせると、単語という網目が覆う範囲には重なる部分と重ならない部分がでてきます。**

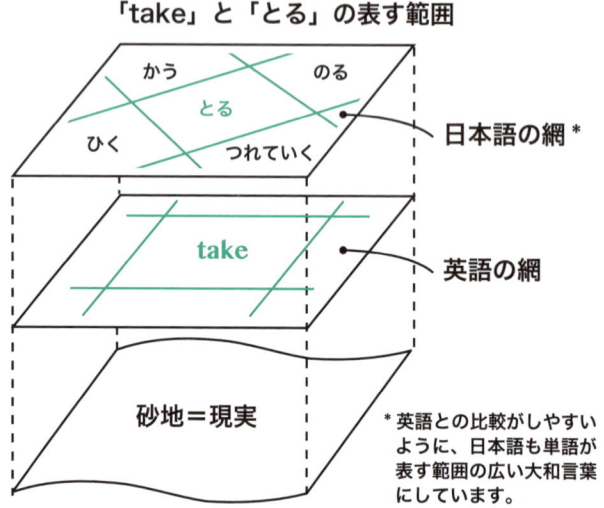

　日本語と英語の単語は基本的に一致しません。上の図で「take」と「とる」のかぶさる範囲が一致していないことが示すように、2つの言葉が切り取る現実にはズレがあります。日本語の「とる」はtakeがカバーしている「連れていく」、「乗る」などの意味をカバーしていません。

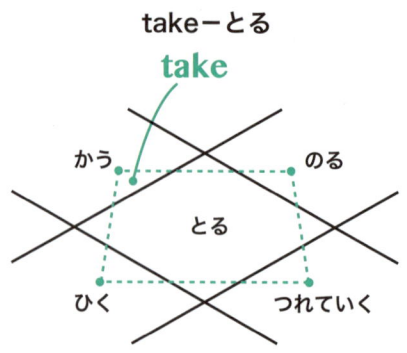

ここから言えるのは「**1つの英単語に1つの日本語をあてはめて満足してはいけない**」ということです。特に私たちは英単語に対して、意味が定まりやすい漢字交じりの日本語をあてはめがちです。しかし、漢字交じりの「取る」の表す範囲は「とる」よりも狭くなります。そのため「取る」だけを take の日本語訳として理解してしまうと take がカバーする範囲をほとんど取りこぼしてしまうことになるのです。

　私たちは take に「とる」や「取る」をあてはめて満足するのではなく、take という英単語そのものを理解しようとしなければならないのです。

　では、どうすれば英単語そのものを理解することができるのでしょうか。それを「get －える」で考えてみましょう。

---

get　　⑴ 得る
　　　　⑵ 〜に至る
　　　　⑶ 理解する、わかる
　　　　⑷ 連れてくる
　　　　⑸ 取ってくる
　　　　⑹（人に）させる
　　　　⑺ 〜の状態にする
　　　　⑻ やっつける
　　　　⑼【野球】〜をアウトにする
　　　　⑽ 苦しめる
　　　　⑾ 導く、出す
　　　　（※以下略）

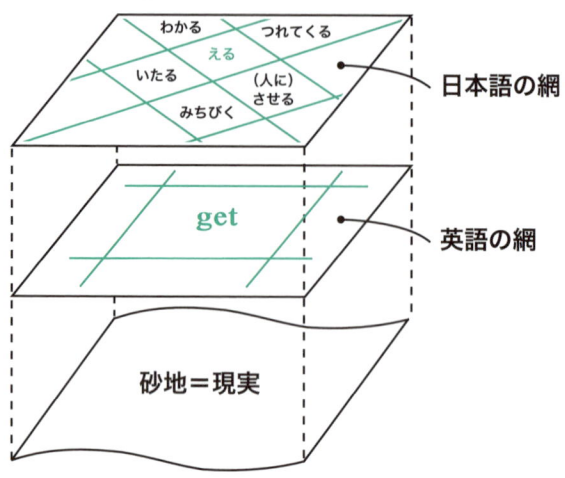

「get」と「える」では重なり合う部分が「take －とる」よりもっと少なくなっています。このように get はきれいに対応する日本語訳がない英単語です。それでも全く無関係の意味が並んでいるわけではないことも、何となくわかるのではないでしょうか。

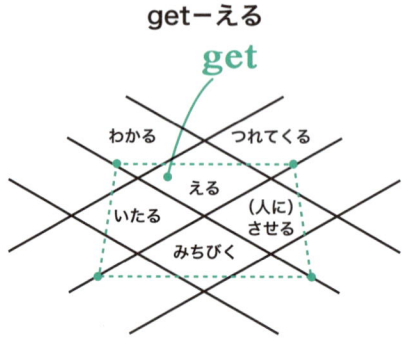

英単語そのものを理解するには、辞書を引いたときに出てくるような多くの意味に共通する**「単語のコアとなっているイメージ」を抽出する**ことが大切です。get がカバーしている意味から抽出できるコアは「何かのアクションによって自分のものにする」というイメージです。

get のコアイメージ

何かのアクションによって自分のものにする

　このコアイメージを get が出てくる英文のすべてに当てはめて上手くいくわけではありませんが、コアをつかんでいれば応用がききます。英単語のコアを意識しながら多くの英文にあたっていくことで、その単語の網目、カバーする範囲がしだいに見えてきます。それが英単語そのものを理解するということなのです。

2 英文は単語の並びで流れをつくる

　英文を理解するときに重要なことは、「英文は単語を並べることで流れをつくる」という感覚をもつことです。日本語は「てにをは」で流れをコントロールしていますが、**英語は単語を並べていくことで流れをコントロールしています。**

　そのため英語の場合は単語を並べることを途中で止めてしまうと、言いたいことが違ってしまうことがあります。例えば「I want you to go to the supermarket.」という英文を考えてみましょう。この文章の直訳は「私はあなたがスーパーに行くことを欲する」です。

I want you to go to the supermarket.

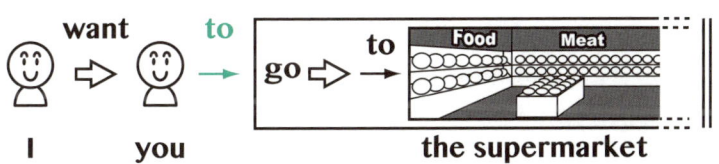

　この文を途中の「I want you」で止めてしまうと「私はあなたを欲する」となります。

I want you.

　この日本語訳からもわかるように「あなたが」と「あなたを」で「てにをは」が変わっています。つまり、流れが違ってしまっているわけです。これは英語が単語を並べていくことで流れをコントロールしているから起きる現象だったのです。
　このような単語の並びによって意味の取り方が変わることをルールとしてまとめたものが「英文法」です。つまり、本来の英文法とは英単語をどのように並べると言いたいことが表現できるのかを教えてくれるものなのです。そういった使い手の視点で英文法を捉え直してほしいと思います。

3 話の流れを理解する

　学校では1つの文の文法的解釈ばかりを教えられることが多かったと思います。そのために、私たちはそれが英語学習の基本だと思い込んでしまって、全体的な話の流れに目が向きにくくなっています。

　このことを実感するのは洋書に初めて挑戦するときではないでしょうか。洋書を初めて読んだとき、多くの人は「まったく読めない」と感じると思います。これは「どの英文も理解できない」ということではありません。「話の流れがつかめない」ことが大きな原因です。
　単語が気になってしまったり文の構造が気になってしまったりと、さきに「部分」のほうが気になってしまって「全体」へ意識が向かないのです。その結果、ひとつひとつの文の言いたいことは何となくわかるけれども全体として何を言っているのかがチンプンカンプンということになります。

ここまで単語や文の構造について説明してきましたが、実は最初にやるべきことは「全体」をおさえることです。英文の構造を考えたり単語の意味を深く追求しようとするのは全体をおさえてから行うべきなのです。

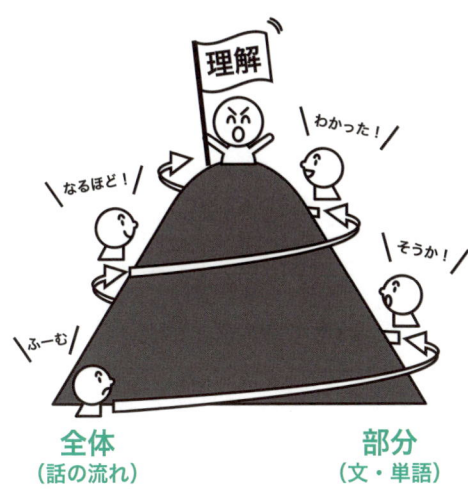

　英会話教材に出てくる一連の英文にも当然「話の流れ」や「背景」があります。それらが理解できないと話は見えてこないはずです。私たちにとってCNNやBBCなどの海外のニュースがわかりにくいのは、そのニュースの背景がわかりにくいからなのです。
　英語学習を始めたばかりのころは、自分にとって話の流れが理解しやすいもの、物語が想像しやすいものを教材として選ぶべきです。そして、ある程度ボリュームのある英文でも話の流れをつかめるようになってきたら、本当に興味や関心があるものを教材として使っていくとよいでしょう。

第3節　英文とイメージを結びつける

1 英文と日本語訳を結びつけない

　ここまで英語を使いこなすために「何を理解するべきなのか」について述べてきました。最後に「理解を深める」ということについてお話しします。

「はじめに」で述べたように、英会話を習得することは「イメージと結びついた英文を蓄積していくこと」です。英文とイメージが結びついた状態とは、英文からイメージを描くことができることであり、言いたいこと（イメージ）から英文をつくることができることでもあります。つまり、「英文」と「イメージ」を互いに行き来することができる状態です。
　注意してほしいのは、**イメージと結びついた英文を蓄積する**ことであって、日本語訳と結びついた英文を蓄積することではありません。
　英文と日本語訳を結びつける癖をつけてしまうと、実際の英会話でも日本語に頼るようになってしまいます。つまり、話すときも聞くときも日本語を経由するようになってしまうのです。それでは実際の英会話の流れにはついていけません。

　ただ、これは英語を理解するときに日本語訳を一切使ってはいけないという意味ではありません。日本語訳で終わりにしてはならず、そこから日本語訳を切り離し、英文そのものからイメージを描くようにしなければいけないのです。その意味で日本語訳は途中の手段なのです。
　「日本語訳を切り離したら何も残らないはず…」と感じた方は英文からイメージをつくる練習をしてこなかったのかもしれません。もちろん英文を日本語に訳すときに何かのイメージをつかんでいるは

ずですが、そのイメージをふくらます方向ではなくて文法のルールや丸暗記したフレーズでイメージを押しつぶして、日本語訳をしておしまいということが多かったのではないでしょうか。

　私がオススメしたいのは、日本語訳で終わらせずに英文からイメージ、イメージから英文という往復運動をしてみることです。英文を日本語訳することをゴールにしないで、「英文そのものからイメージをつくりあげるレベルまで理解を深める」ということを意識してほしいと思います。

2 体を使ってイメージを深める

　何かをちゃんとイメージすることができたときには、人間の脳は実際に体を動かしたときと同じ部位が活性化されているそうです。ということは、英文から丁寧にイメージすることができれば、実際の英会話と同じように脳が使われるわけです。これはスポーツにおける**イメージトレーニングと同じ**だと言ってよいでしょう。

　しかし、最初から詳細なイメージを描くことは難しいと思います。なぜならば、ポイントがわかっていないと、上手くイメージを描けないからです。

　それでは、どうすれば英文から丁寧にイメージすることができるようになるのでしょうか。その方法として「体を動かす」「モデルを真似する」の2点を説明しましょう。

　まず**「体を動かす」**という方法です。前述のように「イメージすること」と「実際に体を動かすこと」は脳の同じ部位で処理されています。そのため実際に体を動かすことが脳を刺激してイメージを深めてくれるのです。

　例えば、バッティングのイメージを深めたいのであれば、実際に素振りをしてみる。英文のイメージを深めたいのであれば、その場

に相手がいるような気持ちでジェスチャーをまじえ声に出して演じてみる。そういうことが有効になります。

次に「**モデルを真似する**」という方法です。これは演じるときにモデル（お手本）を意識することです。野球少年がイチローのバッティングフォームを真似するように、英会話ならモデル音声などを意識して真似することです。モデルに近づけるように真似をしているうちに、最初はぼんやりとしていたイメージも徐々に鮮明なイメージに変わってきます。

私たちは大人になるにつれて、真似ることに対して良いイメージをもたなくなりがちですが、それは大きな誤解です。そもそも私たちはみんな、赤ちゃんのときに親や家族の行動を真似することから始めます。そして、子どものころには他人の行動を真似て、自分のなかで擬似体験することで、他人の考えや感情を理解するようになります。

それと同じように、英会話でも真似することでネイティブが何を考えているのか、どのように感じているのかを自分のものとして理解できるようになってきます。ちゃんと真似しようとしなければネイティブの気持ちは理解できない、ということでもあるのです。

☕ Coffee Break

文化と表現の密接な関係

遠藤 「文化の違いが表現に顔を出す」について何かありますか？

今井 brother で思い出しましたが、ネイティブと話していると「昨日晩ご飯のときに my brother を呼んでも全然部屋から出てこなかったから、様子を見に行ったらぐーぐー寝ていたんだよ」といった話をしてくることがあるんですね。

でも、my brother が兄なのか弟なのかで全然描く情景が変わるじゃないですか。弟だった場合は「だらしないやつだな」となるし、兄だった場合は「なんかあったのかな」となりますし。でも my brother という表現からはその人が兄なのか弟なのかわからないので、よく戸惑ってしまうんです。

遠藤 brother という単語には「兄」と「弟」の区別がないからですね。**ネイティブにとっては兄なのか弟なのかは別に重要なことではないのです。**

日本文化では相手を「役割や関係」で呼ぶと本文で述べましたが、話の聞き手も「役割や関係」を通して、話題に上っている人を理解しようとします。ある意味、日本文化は役割や関係を押しつける文化といってもいいでしょう。

面白いのは役割を押しつけられやすいのは、上下関係でいうと基本的に「上」にいる人間だということです。例えば「兄ちゃん！」とは呼びかけても「弟ちゃん！」とは呼びかけないですよね。

そうやって「兄ちゃん」と呼びかけられているうちに、その人自身がその役割を果たそうと自分を変えていきます。そうすると「兄」である人たちには共通点が生まれてきて、余計に「兄」と「弟」という表現の区別が重要になってきます。そのようにして「役割重視の文化」ができあがってきたのかもしれませんね。

今井 文化と表現は密接に関係していると述べられていましたが、話を聞いているとお互いに影響しあって、どちらが原因でどちらが結果なのか判然としなくなりますね。英語における文化と表現もこれと同じよう

な状態になっているのでしょうね。

遠藤 厳密に文化と表現の間の因果関係をわけることはできませんが、少なくとも**違和感を覚えるような表現に出会ったときに、文化の違いに思いを寄せて相手を理解しようとする**ことは、とても大切なことだと思います。

またそのような文化の違いからくる表現に慣れることで、その違いをより深く体感できるようになります。いちいち elder brother や younger brother と言わずに brother だけで平気になったら英語文化に対する理解も深まったことになります。

今井 間違いなく人間性が変わりますね。

遠藤 英語を学ぶことで考え方やモノの見方が変わってくるのは、ある意味当然のことなんでしょうね。

playのコアイメージ

遠藤 「英語の表現方法を3つの視点から理解する」について何かありますか？

今井 面白かったのは砂地にかぶせた網のところで、単語の表す内容が網目にあたるということですね。英語って、1つの単語が表す範囲が広いんですよね。

例えば play という単語は「遊ぶ」のほかにも「試合をする」や「演奏する」「(テープなどを) 再生する」といった範囲をカバーしています。「遊ぶ」という1つの意味にだけ注目していると気づきにくいですけど、他の意味もあわせて考えてみたら play という単語にも何かコアみたいなものがあって、そこから広がっているような気がします。そういう感覚をもつのが大切なんだと思いました。

遠藤 英単語だけでなく「とる」という大和言葉にもコアが存在していることはなんとなくわかると思います。完璧なコアイメージを表現するのは難しいですが、それでもそういうものがなければ、その言葉をさまざまな場面に応用して使うことができないですからね。

また、砂地にかぶせた網は言語だと言いましたが、文化だと言い換えることもできると思います。現実に見えているものに対して何をひとつ

の単語でくるのか、あるいは別の単語を当てるのかはまさに文化なのです。アフリカのある種族ではサルの鳴き声を表す単語を20種類くらいもっているそうですよ。その背景にある考え方は何なのかというようなことを考えるのは、とても面白いことだと思います。

ゆっくりやれば早くなる

遠藤　「英文とイメージを結びつける」について何かありますか？

今井　真似をするときは「ゆっくりやる」ということがポイントだと思います。ネイティブの英語は早口に聞こえますが、そのスピードまで真似することはないですよね？

遠藤　「ゆっくりやる」というのは、とてもいい表現ですね。確かに丁寧に真似をしようとしたら、最低でも一回はゆっくり確認を取りながらやらないと難しいですからね。そうして徐々に体に慣れさせていくことで、自然にスピードがでてきます。初心者のころは速いスピードの音声を追いかけていくよりも、ゆっくりしたスピードの音声のほうが学びやすいと思います。

今井　僕は武術を習っているんですが、その武術では速い動きの練習はあまりしません。でも普通は速い動きができるようになりたいじゃないですか。そこで「速い動きができるようになるためにどうすればいいですか？」と質問したら、逆に「ゆっくりやれ」と言われたんです。「ゆっくりやって、自分が速く動いてしまう瞬間を見つけろ」と。

　例えば歩くときでも、とにかくゆっくり動こうとしても、どうしても速く動いてしまう瞬間があるんですね。「それがお前の弱いところだ。それを見つけたらもっとゆっくり動け」というのです。「それができるようになったら、もう頭で考えなくなって自分の血となり肉となる」というように教えられたんです。

　だから、英語もたぶんそういうことなんだろうなと思いました。ゆっくりやってみてだめだったら、もっとゆっくりやってみる、みたいな。逆説的ですが、そうしていると最終的にはネイティブ並みの速さになるというわけです。

遠藤　その例は面白いですね。どうしても英語というと頭で考えること

に意識が集中して身体性を無視しがちです。しかし、やはり体がついてくることが重要です。実際に声に出すとか、声に出しながらアクションをするとか。

例えば、「I」と発音したところで自分の胸に手のひらを当てる。「You」と発音したところで相手に手のひらを向ける。そういった単語ごとに体の動きを合わせていくと、ひとつひとつの言葉の理解がより深くなります。

人が言葉を覚えだす幼児期には、何かモノを指し示そうとしたときに声だけで「あれ」とは言えず、必ず指の動きも伴います。このように体と言葉はつながっています。それが徐々に慣れてくるに従って、体を動かさなくても言葉だけで物事を表現できるようになってくるわけです。

英語を学び始めたころも同じように英語の表現と体の動きは結びついていません。その状態から that のような簡単な表現も体の動きと結びつけていくことで、that のイメージを深めていくわけです。体にしみつかせていくことで体を動かす必要がなくなっていくのです。

だからいい歳をして…などと思わずに、わかるまでちゃんとやるべきなのだと思います。そのときにスピードを意識すると焦ってしまうので良くありません。今井くんが言ってくれたひとつひとつゆっくり練習するということは、本当にその通りだと思います。

第3章
英会話の習得に必要な時間を確保する

　英会話を習得するためには「時間」が必要です。この章では、まずその時間をどのような学習に配分すればいいのかについて説明し、次に「時間」をどう確保するかについて説明していきます。

第1節　インプットに多くの時間をかける、アウトプットの場を確保する

　英語学習をインプットとアウトプットにわけて考えてみましょう。インプットは英文を読んだりリスニングしたりすることの他に音読やリピーティングも含みます。アウトプットは実際に誰かと英語でやりとりをすることです。英語でメールをしたり手紙を書いたりすることもアウトプットに含みます。

　ここでのポイントは「アウトプットは絶対に必要だが時間は短くてかまわない」ということと、その分だけ**インプットに多くの時間をかける**」ということです。その理由は、アウトプットそのものは新しいことの習得に結びつきにくいからです。とくにインプットの総量が少ない学習初期のころは、アウトプットをたくさん行っても習得できるものはそう多くありません。

　例えば、一念発起して英会話スクールに週三日通ったとしても、それまでのインプットが少なければ当然英会話スクールでは「聞く

だけ」になってしまいます。これは留学でも同じです。インプットの少ない状態で海外に留学しても、インプットが蓄積されるまでに時間がかかって、貴重な海外留学期間の多くを「聞くだけ」で過ごさなければいけなくなります。アウトプットさえしていれば上達するだろうといった「アウトプット至上主義」では、英会話はなかなか上達しないのです。

　しかし、短い時間でもアウトプットは絶対に必要です。それは**アウトプットの場があるというだけでインプットの質が上がる**からです。アウトプットの場があるとインプットに身が入ります。また、実際にアウトプットしてみることで日頃のインプットの仕方について反省点や改良点が見えてきます。

　英会話レッスンがアウトプットの場だとすると、インプットのときに出てきた疑問を相手（講師）に聞くことができます。また、勘違いしていたことを指摘してもらって修正することもできます。このようにアウトプットの場があることでインプットはグンッと活性化されるのです。

　インプットとアウトプットのバランスは、**学習初期のころはインプットの10分の1程度の時間をアウトプットに当てる**のが適当でしょう。1週間のインプットが120分なら、アウトプットは12分程度ということです。これでは少ないと感じるかもしれませんが、レッスンで何を言うか120分かけて考えたとしても、実際には10分間ももたなかったりするものです。

　最初からレッスンの時間をたくさんとっても、話すことがなくなって気まずい空気になったり、お互いに無理をして盛り上げたりしなければならなくなります。そうなると、次のレッスンに対して消極的になります。最初のころは「もっと話したい」「話し足りない」と思うくらいで留めておいたほうがいいのです。

　なお、1週間のインプット時間が100分を超えない場合もあると思います。そのようなときはアウトプットの頻度を週1回ではなく、

2週間に1回とか月1回にして調整するとよいでしょう。また10分の1という比率も絶対ではありません。自分の都合やレベルに合わせて調整してください。

集中力を維持するための工夫

インプットで気をつけることは集中力を維持できるようにさまざまな学習方法を組み合わせることです。

音読やリピーティングはぜひ実践していただきたい学習方法ですが、問題は音読やリピーティングを繰り返すうちに集中力が落ちてくることです。子どもは「同じことを繰り返す」のが大好きですが、大人は苦手です。大人の脳は同じことの繰り返しを嫌うのです。

音読やリピーティングは集中力が落ちない範囲で繰り返すことが大切です。どの程度の回数で集中力が落ちてくるのかは人によりますが、大人は同じメニューに対してだいたい連続5回くらいまでは集中力がもつと言われています。

そこで例えば5回を目安に音読をやってみて、集中力が持続できていればもう少し続けてみる。3回くらいで既に飽きてしまい、口だけが動いているような状態になってしまうのであれば、別のメニューに切り替える。こういった工夫が必要になります。

社会人ともなると英会話の学習にさける時間は限られてきます。限られた時間で最大限の効果を得るためにも、集中力を持続できる学習方法を工夫するべきなのです。

第2節　継続すれば学習時間は確保できる

1 まず始める

　英語学習のポイントは継続することです。しかしそのためには、まず始めなければなりません。英会話を始めようと思った動機が何であろうが、結局のところは、今日これから英会話の学習を始められるかどうかが重要なのです。

　そのときに、最初が肝心だからといって、スタートダッシュで飛びだそうとするのはやめておきましょう。あれこれと準備が必要になり、結局なかなか始められなくなってしまいます。

　英語に Start with baby steps. という言葉があります。「よちよち歩きから始めよう」という意味です。いきなり走りだそうとするのではなく、この言葉のように少しずつゆっくりと歩きだしてください。そのうちに慣れてくれば自然と走りだしたくなります。それまでじっくりとやる気を熟成させておいて、今日は一歩、明日も一歩とゆっくり歩きだしましょう。そういった一歩一歩が英会話の習得につながっていくのです。

2 習慣にすれば継続できる

　最近「聞くだけで英語が話せるようになる」という教材が流行しています。あの類の商品がなぜ受けるのかというと、「これなら続けられる」と思うからでしょう。つまり、みなさん継続しなければいけないということはわかっているのです。

　「学校の勉強のようなものは継続できないだろうな」という気持ちがあるから「そんな自分でも続けられそうなものを」と考えるのだと思います。そして、その考え自体は正しいのです。英会話の習得にはある程度の時間が必要なので、継続しなければやはりモノには

ならないのです。

　継続するためにもっとも大切なことは、英会話の学習を習慣にしてしまうことです。「それはわかっているが、習慣化するのが難しいのだ…」というご意見が聞こえてきそうですね。それではまず習慣化するとはどういうことなのかを考えてみましょう。

　習慣になっている行為となっていない行為の違いは、それをする前に**「やろうかな、やめておこうかな」と考えるかどうか**です。例えば歯磨きのようなある意味ではたいへん面倒くさいことを、私たちは苦にせず毎日しています。歯磨きをする前に「これをしないと虫歯になる」とか「歯周病になる」といった歯磨きの意味と意義を考えて、やる気を奮い立たせているわけではありません。そういったことを考えないでも行動できるのが習慣化した状態なのです。

　英会話の学習も「やろうかな、それとも今日は違うことをやろうかな」と考えるうちはまだ習慣になっていません。そして習慣になっていない間は毎回「やろう！」と決断するためにエネルギーを費やすことになります。

　まだ習慣になっていないことを習慣化するときには、それをやることの意味や意義の大きさはそれほど役に立ちません。このようなときに重要なのは、**とりあえずやることに対するハードルをできるだけ低くする**ことです。

　例えば「毎日30分やろう！」という目標はかなり高いハードルです。「今日はどうしようか…」と考えたくなります。はじめは「毎日5分を習慣化するまでやる」でかまいません。5分で効果があるのだろうか、などとは考えないようにしましょう。最初に越えなければいけないことは英会話の学習を習慣にすることなのです。

　余裕のないときにも英会話の学習が続けられる、どうしても時間がとれなくて1日できなかったとしても次の日からまた学習を再開できる、そういう習慣を身につけることが重要です。

もちろん「5分」で留まっていては合計の時間数が伸びませんが、それは「5分」を習慣化することができてから考えるべきことです。というか、考えなくても自然に学習時間は5分以上になっていきます。5分の学習が習慣化されたら、そこに新しい習慣（学習メニュー）を追加することは大きなハードルにはなりません。

3 学ぶ場所や学習内容を決めつけない

　英会話の学習を習慣化するには「時間」以外に「学ぶ場所」や「学習内容」も考えなくてはいけません。

　どうしても私たちは学習を「机に向かってやるもの」と考えがちです。しかし、机がないと学習できないわけではありません。スマートフォンなどを使って通勤通学の間に英会話を学ぶことは十分できます。スマートフォンをジップロック®に入れて、お風呂に入っているときに音声を流すこともできます。家事をしながらモデル音声に続いてリピーティングすることもできるでしょう。このように**どこでも学習することができれば、学習を継続できる可能性が飛躍的に高まります**。

　また、教材を教科書や文法書、問題集に限定しないことが大切です。これは「学ぶ場所」とも関わっていますが、通勤通学時には洋書を読んだり、お風呂に入っているときは洋楽を聞いたり、家事をしているときは洋画や海外アニメをテレビで流したままにしたりすることができます。

　機器がない場合でも英会話を学ぶことはできます。例えば、交通標識などの英語を声に出して読んでみたり、目についたものを英語で何というのかを考えてみたりしてもいいでしょう。英会話の習得が進んだら「お昼に食べたランチについて英語で説明してみよう」といった具合に文章をつくってみるのも良い学習になります。

試験勉強のような「机に向かって、教科書と参考書を開いて、毎日1時間勉強する」というイメージが英会話の学習の習慣化を妨げているのです。「聞き流し」や「ひとりごと」、「頭のなかで英語について考える」といった、これまでは「学習」とみなされなかったことも学習時間に含めるようにしてください。

　学習スタイルを制限しなければ毎日30分の英語学習を習慣化することはそれほど難しいことではなくなります。一回あたり5分の学習を計6回行えば良いだけだからです。6回くらいのチャンス（スキマ時間）は思いのほか転がっているものです。ただし、最初はそのうちの1回を確実に行うところからスタートしましょう。そこから徐々に増やしていけばいいのです。

4 ときには短期集中で時間数を伸ばす

　ここまで習慣化によって継続すること、言いかえれば最低ラインの話をしてきました。しかし、できるときは短期集中で学習することも検討するべきです。

　やる気や日常生活は常に平坦というわけではなく波があります。やる気がないときや忙しいときは最低ラインを維持する。**やる気があるときや時間があるときは追加で集中的に学習を行う**。そうすることで時間数を伸ばしていくのです。

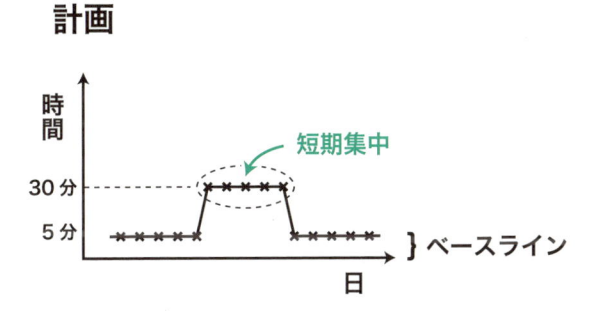

計画

（グラフ：縦軸「時間」、横軸「日」。5分のベースライン上に、一部期間だけ30分に上がる「短期集中」の区間がある）

　短期集中を学習に組み込むときに注意することは、頑張りすぎて燃え尽きてしまわないことです。頑張る必要はありますが、その後

に英語学習自体が止まってしまったら元も子もありません。短期集中後も最低ラインは維持することが大切です。

実際

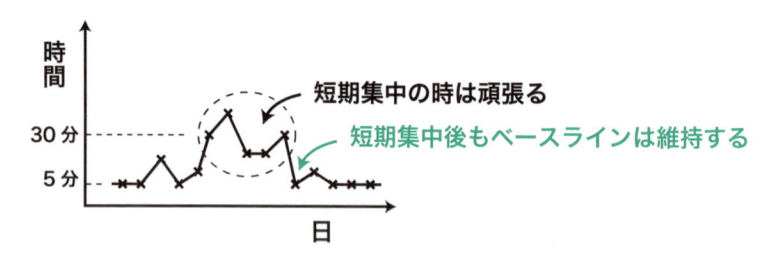

(グラフ：横軸「日」、縦軸「時間」。短期集中の時は頑張る／短期集中後もベースラインは維持する)

　計画通りにコトが進まなくても腐らずに学習を継続しましょう。イメージ図にあるように学習時間が計画を下回ったとしても、実際に行った時間分だけはちゃんと評価するようにしてください。計画は行動を促すためのものであり、やる気をなくさせるためのものではないのです。

Coffee Break

練習と試合

今井 インプットとアウトプットはスポーツの練習と試合みたいな関係ですね。試合ばかりしていても強くはならないし、かといって試合がないとしたら練習にも身が入りません。

遠藤 英会話の習得でひとつのハードルになっているのは、そういう実践の場がなかなかないことです。アウトプットの場がまったくないと、なかなかインプットを継続できませんからね。

今井 僕も自分に甘い人間なのでそれはよくわかります（笑）僕も英会話を習得しようと頑張っていたころは、ネイティブと定期的に会う約束をして、英語で話をする場を設けていました。

英会話の学習を長く続けるために

今井 英会話の学習を始めた最初のころは本当に大変ですよね。新入生や新社会人みたいなシンドさがあります。最初の四月は通学通勤で辛いみたいな（笑）

僕は浪人をしていたときに名古屋の予備校まで通っていたんですが、40分ぐらいすごく混んでいる電車で通学していました。最初は「1日でくじけてしまいそうだ」と思ったんですけど、しばらくするとその満員電車に慣れているんですよね。

遠藤 学習が習慣づくまでの間は本当に大変ですよね。だからこそ最初はあまり気合いを入れ過ぎないというのが重要です。とりあえず「5分ぐらいならできないことはないだろう」くらいで始めたほうが、体が慣れやすいと思います。

英会話を習得するためには、自分が使うことができる英文を蓄積しなければいけないと述べましたが、それには時間がかかります。本当に英会話の学習は「ちりも積もれば山となる」なのです。

最初に目標を立てるときに「1年後にこうなりたい」ということを考

えると思いますが、その進歩の仕方は1ヶ月で目標の12分の1、2ヶ月で12分の2というふうに進むわけではありません。最初の半年は思うような成果がみられないとか、逆に最初はいい感じだったけど半年目で壁にぶつかったなどいろいろあると思います。そんなときに焦ったり、自分を責めたりしないことが大切です。

　長い目で見て、良いときもあれば悪いときもある。少なくとも今日のやるべきことをやったから良しとしよう、というくらいの気持ちで取り組みましょう。「結果として成長曲線が右肩上がりになっていればいい」と思ったほうが精神衛生上よいですし、学習も継続しやすいと思います。

今井　僕が浪人のころ最初に予備校の先生に言われたことがあるんです。「君たちはいま多分やる気のある状態だと思います。そういう人はだんだんやる気がなくなっていきます」と（笑）

　予備校は八月に夏期講習、十二月に冬期講習があるんですが「また夏期講習でやる気が出てきます。その宣伝に踊らされてですね、やる気がガッと上がります」と。「そして、また下がっていって十二月の冬期講習で『冬が天王山』と言われて、またやる気が出ます」と。

「そういう人のやる気というのはこういうグラフになるのね」と、上下に波打っているグラフを描いて「いま君たち四月、やる気あるでしょう？　八月、やる気があるでしょう？　十二月、やる気があるでしょう？　こういう人、どうなるかわかりますか？　また四月にやる気が出てくるので来年またここで会いましょう」（笑）

「4ヶ月おきにやる気がでる人はこうなります。最初のスタートなんてすごくやる気が低くていいです」と、続けてこうも言われました、「みなさん多分本当にやる気があって、このテキストを1ヶ月でやってやると思っているでしょう。でも、そんなことはできません。そうでなくて継続してやるようにしてください」と。

遠藤　そうですね。あまりに気合いが入り過ぎているときは、あえてブレーキを踏むことも必要だと思います。テンションの高さにまかせて学習を始めるとテンションが下がってきたときに、そのような自分に嫌気がさしてしまうことがありますから。

今井　車の運転と同じで**一定速度で走り続けることが、一番燃費がいい**

し長持ちするんでしょうね。
遠藤　そうですね。少なくとも学習をやめてしまわないことが大切ですね。

スキマ時間に英語のことを考える

今井　僕は留学生のお世話をしたりしているので外国人と英語で話す機会が割と多いんですが、そうすると目の前に外国人がいなくても「これは英語だと何て表現するんだろう」と、ふと考えるようになります。

　これは電車に乗っているときやネットを見ているときなどがほとんどですが、こういうものも学習時間に入れてよいならば、合計したら相当な時間数になっているはずです。

遠藤　スキマ時間にそういうことができたらたいへん効果的でしょうね。スキマ時間に英語のことを考えるように自分を仕向けるためにも、アウトプットの場を確保するのはやはり必要です。なんとかそういう相手や場を見つけておきたいですね。

　そういう場としてすぐに思いつくのは英会話教室だと思います。英会話教室は費用がそれなりにかかってしまいますが、日本人スタッフなどからの手厚いフォローが期待できます。

　それ以外にも最近はオンライン英会話が話題に上っています。これは自分で予約から相手と話すまでの手続きを進める必要がありますが、費用をかなり安くあげることができます。

　他には英会話サークルや英会話喫茶、家庭教師としてネイティブを雇うなど、さまざまな方法があるので、身のまわりで探してみていただければと思います。

　そして、そういう相手や場が確保できたら、実際に会って話すときにそれまでに出てきた疑問を投げかけましょう。つまり、話すことがなくならないように質問という形でいつでも発言できるように準備しておくのです。積極的にその場を活用するためには、この方法がとても役に立ちます。

　日常生活のなかで「こういうときは英語でどう言うのだろう」という疑問が湧いてくるようになったら、聞きたいことはどんどん蓄積されま

す。もちろんすぐ忘れてしまうのでメモしておく必要はありますが。
　こういう「**英語のことを考えている時間**」というのは英語を勉強している時間と同じくらい大切なのです。

第4章
英会話イメージリンク

「はじめに」で Be-Do-Have について述べましたが、英会話ができるようになる考え方や姿勢をどう Do につなげるかが本章のテーマです。

英会話を習得することとは「イメージと結びついた英文を蓄積すること」でした。その方法について3つのステップにわけて説明をしていきます。

1. 「イメージング」でざっくりと状況のイメージをつくりあげる。
2. 「リピーティング」で英文を総合的に学び、全体的なイメージと対応させる。
3. 「段階的音読・暗唱」で英文を分析的に学び、部分的なイメージと対応させる。

こういうステップを通じてイメージと英文を結びつけること、そしてそれを蓄積することを目指します。

第1節　イメージング

　英文からイメージをつくる手順は2段階あります。まずは、英文を初めて読んだり聞いたりしたときに、ぼんやりと状況をイメージすること。次に、日本語訳の助けを借りてイメージを補足・修正することです。

　次のストーリーを読んで「どういう話なのだろうか」「どういうシチュエーションなのだろうか」「どういう登場人物がいるのだろうか」「何を話しているのだろうか」ということをできるだけイメージしてみましょう。**英文だけでイメージする**のが第1段階です。

　なお、「読む」よりも「聞く」ほうが英会話には効果があるので、みなさんが使う予定の英会話教材に音声がついている場合は、その音声を聞いてイメージングしてください。

N	Taro comes home from school and opens the door enthusiastically.
Taro	Mom, I'm home.
Keiko	You're back. You're just in time. Will you go to the supermarket for me?
Taro	Aw, I don't want to.
Keiko	Hanako just fell asleep, and I want to prepare dinner while she's still sleeping.
Taro	Ugh, what a pain.
Keiko	(Measuring with her hands) I'd like a bottle of olive oil this big.
Taro	Can't you just use regular oil?
Keiko	It has to be olive oil! Here's some money.
Taro	You're really making me work.

From「A Heartwarming Family」Story.1『Errands』

　わからない単語があると、辞書で意味を調べたくなるかもしれま

せんが、ここでは英文だけから話の流れをつかむようにしてください。

ぼんやりと状況がイメージできたら、第2段階では英文だけでつくった**イメージを確かめるつもりで日本語訳を見ます**。日本語訳の助けを借りて最初のイメージに補足や修正を加えて、よりはっきりしたイメージを描きましょう。

日本語訳

N	太郎が元気良く玄関を開け、学校から帰ってきます。
太郎	ただいま、お母さん。
恵子	おかえり。ちょうどいいところに帰って来たわ。おつかいに行ってくれない？
太郎	え〜。やだよ。
恵子	今、花子が寝たところだから、その間に晩御飯、作っちゃいたいのよ。
太郎	もう、めんどくさいな。
恵子	（手でサイズを作り）これぐらいの大きさのオリーブオイルをお願いね。
太郎	別に普通の油でいいじゃん。
恵子	オリーブオイルじゃなきゃダメなの！　はい。お金。
太郎	本当に人使い荒いんだから。

「ほのぼの家族」Story.1『おつかい』より

この第2段階では日本語訳は助けを借りるという程度に利用することがポイントです。そのため「読む」ではなく「見る」という感覚で日本語訳のページを活用するとよいでしょう。

ふつう英語の勉強は日本語訳を確かめるところで終わりです。しかし、英会話を習得するためにはここからが重要です。いま**ぼんやりとイメージをつくりあげた英文を自分が使える英文**にしなければいけません。それがこのあとの「リピーティング」と「段階的音読・暗唱」です。

※注意

　本書で使用するストーリーは英会話教材「英会話エクスプレス」から引用しています。あらすじや登場人物については巻末に紹介しています。また英文に対する日本語訳は直訳ではなく自然な訳になっています。訳の字面ではなく物語の流れを汲み取るように心がけてください。

☕ Coffee Break

今井 僕が最近心がけているのは英単語を日本語に訳さないことです。もちろん意味がわからない単語は日本語訳を調べますけど、それを日本語訳のままにしないようにしているんです。

どういうことかというと hat や cap を「帽子」という日本語訳で覚えるのではなくて、hat →絵、cap →絵で覚えるのです。この覚え方なら hat と cap は日本語訳だと同じ「帽子」ですが、絵でイメージすれば2つの絵が違うので区別がつけられるわけです。

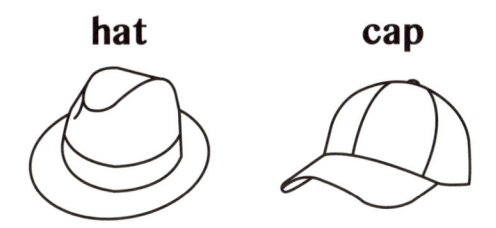

hat　　　**cap**

これはそんなに難しいことではないと思います。例えば日本人も「car」という英語を見たり聞いたりしたときは、「車」という日本語を介さずに car から絵を思い浮かべられると思います。

遠藤 日本語訳で止めてしまうと、その英単語を完全に理解したとはいえないでしょうね。

今井 そうなんです。**英単語を日本語訳したときに何かが抜け落ちてしまっている**と感じることがあります。英単語そのものがもっているニュアンスをできる限り英語のまま捉えようと意識しているんです。

遠藤 それはとても大切な姿勢だと思います。「hat ＝帽子」で抜け落ちたものがあるのは明らかですが、「car ＝車」でも多分微妙な何かが抜け落ちたり、余計な何かが加わったりしているのだと思います。

もちろん最初から英単語そのものがもっているニュアンスを探りあてるのは難しいと思います。英単語と日本語訳をあまりぴったりと密着させずに英単語のイメージをつかむことを心がけていれば、多くの英文にあたるうちに英単語そのものの姿が見えてくるようになります。

第4章 英会話イメージリンク

第2節　リピーティング

　リピーティングを行うためには英会話教材に音声がついている必要があります。リピーティングではモデル音声を聞いて、それを声に出して繰り返します。

Taro comes home from school and opens the door enthusiastically.

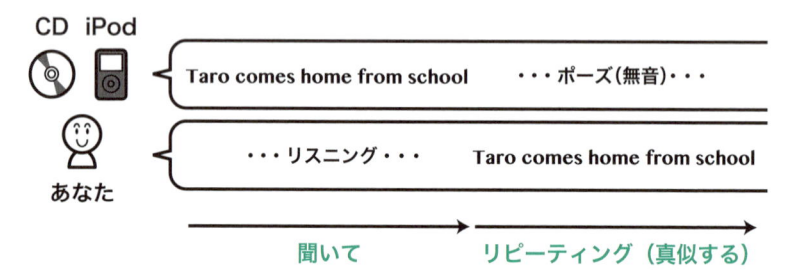

```
CD  iPod
         ┤Taro comes home from school    ・・・ポーズ(無音)・・・
 あなた  ┤  ・・・リスニング・・・    Taro comes home from school
                     聞いて              リピーティング（真似する）
```

　イラストのようにリピーティングでは、「Taro comes home from school」や「and opens the door enthusiastically」のような意味的なかたまりごとに、モデル音声とポーズがセットになっている音源を使います。

　全体を通して何回かリピーティングを行い、**自分のなかにモデル音声を蓄積**していきます。回数は５回程度をいちおうの目安にします。飽きるようでしたら３回でもよいでしょう。

　リピーティングでモデル音声を真似することには次のようなメリットがあります。
　　１．単語の発音を学ぶことができる。
　　２．単語間の音のつながりを学ぶことができる。
　　３．センテンス内の強弱を学ぶことができる。
　　４．文の区切りを学ぶことができる。
　こういう基本的ですがとても大切なことを、総合的に学べるのが

リピーティングです。この4点についてもう少し説明しておきましょう。

1 単語の発音を学ぶ

第1の「単語の発音」は英会話ではとても重要な要素です。「文法は正しいがカタカナ英語で話す」よりも、「文法は間違えているがネイティブに近い発音で話す」ほうがネイティブにとっては理解しやすいからです。そのため、なるべく発音をネイティブに近づけるように心がける必要があります。

しかし、発音のトレーニングは非常に退屈なものです。「v、v、v」や「sh、sh、sh」といった音を繰り返し発声するようなトレーニングを続けられる人は、そんなにいないでしょう。「発音」は**リピーティングでなるべくモデル音声に近い音を出していく**ことで学んでいくのが妥当な方法だと思います。

ネイティブ並みの発音が必要になったら発声練習の機会を別に設ければよいのです。そういう後づけでも十分に発音を矯正することはできます。学習の初期段階では口や舌の位置などを意識するよりも聞こえたように話してみる程度に留めておき、声に出す練習が嫌にならないようにしましょう。

2 単語間の音のつながりを学ぶ

第2の「単語間の音のつながり」については、これを意識してリピーティングすることで聞き取り能力を向上させることができます。

単語間の音がつながることを「リエゾン」や「リンキング」と呼びます。私たち日本人が英語を聞き取れない理由の1つがこの音のつながりです。それによってまったく違う音のように聞こえてしまうのです。

さきほどのストーリーのなかに「You're just in time.」というセ

リフがありました。この「just in」をネイティブは「ジャスティン」と発音しますが、音のつながりに慣れていなければなかなか聞き取れません。

「just in」くらいなら難しくないかもしれませんが、「ハヴィッチュアウェイ」という音を「Have it your way.」（好きなようにしろ）のことだと理解できるようになるのは、そう簡単なことではありません。

　音のつながりに慣れるにはモデル音声をリピーティングして、つながった状態の音を自分のなかに蓄積することが大切です。**話すことができれば、その言葉は聞き取ることもできます**。そのため英会話を習得するにあたってリピーティングは一石二鳥の方法といえます。

　最初はどのように単語間の音がつながっているのか見当がつかないこともあると思いますが、リピーティングを繰り返すうちにどんな単語同士がつながるのか理解できるようになります。焦らずに、まずは聞こえたように話してみるようにしてください。

3 センテンス内の強弱を学ぶ

　第3に「センテンス内での強弱」についてですが、この強弱は文字として読むだけでは、やはりわからないものです。

　さきほどのストーリーのなかに「Can't you just use regular oil?」という太郎のセリフがありますが、ここには「おつかいに行きたくない」という気持ちが込められています。「普通の油を使うことはできないの？」という単純な質問ではないのです。そして、その気持ちを「Can't」や「just」といった単語を強く読むことで表しているわけです。

　その次の太郎のセリフも「You're really making me work.」と普通なら強く発音しない You を「お母さんたら！」という気持ちを込めて強く発音します。

このように会話では「情報」だけではなく「感情」もやり取りします。しかし英文を読んだときに意味（情報）を理解するのに一生懸命なうちは、なかなかそこに込められている感情までは思いが及ばないものです。

　しかしモデル音声を聞けば**発音の強弱で感情も自然に伝わってきます**。それを真似てリピーティングすることで感情移入することもできます。

　英語も日本語と同じで、話し方や強弱の付け方でニュアンスが変わります。とくに会話ではほとんどすべての文に感情が含まれていますが、感情は文字では表現しにくいので訳にもはっきりと出てきません。モデルの音声をセリフの強弱、つまりアクセントも含めてなるべく忠実に真似することが大切です。

4 文の区切りを学ぶ

　第4に「文の区切り」についてです。リピーティングするときは**意味的なかたまり**ごとに区切りを入れ、そのかたまりごとに読んでいきます。例えば、先ほどの文を / で区切ると次のようになります。かたまりごとに声をだして読んでみてください。

Taro comes home from school / and opens the door enthusiastically.

　みなさんがこの文を読んだときに、区切りでひと呼吸（一拍）置いたと思います。このように「区切り」は、会話では「呼吸」に対応します。長いセンテンスだとその区切りで息継ぎを入れることもあります。

　区切りはもっと細かくすることもできます。さきほどの文をもっと細かく区切ってみましょう。

Taro comes home / from school // and opens the door / enthusiastically.

　新しく追加した区切りによって、意味的なかたまりはさらに小さくなっています。学習を始めたころは意味的なかたまりが大きいと焦点が定まらず、かたまりの表す意味がぼやけてしまいます。最初はかたまりを小さくしておいて、慣れていくにつれてかたまりを大きくしていくとよいでしょう。

　ネイティブは意味のかたまりごとに話したり読んだりしています。逆に私たちはモデル音声をリピーティングで真似することで、ネイティブが自然だと感じている区切りの位置を学んでいくわけです。ネイティブがどこからどこまでを意味のかたまりと考えているのか、それを意識しながらリピーティングを行うようにしてください。

5 リピーティングに適した音源

　ここまでリピーティングの4つの特徴について説明してきました。そのなかでリピーティングにはポーズが入っている音源が必要だと述べましたが、そのポーズの時間について少し補足しておきます。

　最初は**ポーズの時間を長めにとってある音源のほうがよい**でしょう。ポーズ時間が短いとモデル音声を急いで繰り返すのが精いっぱいになります。ポーズ時間が長ければ考えながら話すことができます。意味的なかたまりや発音、単語間の音のつながり、強弱などを意識しながら話すことができるので理解を深めやすくなるのです。

　自分のレベルにぴったりのポーズ時間の音源を見つけるのはなかなか難しいことですが、自分の実力とくらべてポーズ時間が短い音源よりも、ポーズ時間が長い音源を探すようにするとよいでしょう。

☕ Coffee Break

モデル音声のまま発音しようと心がける

今井 リピーティングで繰り返すときは、やはり発音も丁寧にモデルの真似をしたほうがいいですよね。

遠藤 そうですね。文法的に正しくても発音がカタカナ英語だと聞き取ってもらえないことが多くなります。外国人の日本語でも、「てにをは」がおかしくてもちゃんと発音されている単語が並んでいたら、言いたいことはだいたいわかるのと同じです。

例えば、「ヘイアオキワ サンモン ノウトク」と言われてもチンプンカンプンですが、「ハヤオキニ サンモンガ トク」と言われたら意味はわかりますよね。

今井 どうして「早起き」が「ヘイアオキ」なんですか？

遠藤 hayaoki をヘイアオキと発音してしまうのが、カタカナ英語ならぬアルファベット日本語なんですよ。まあ実際にはヘィャオキがより近い発音になりますが。

今井 なるほど（笑）

遠藤 日本語には多くのカタカナ英語が入り込んでいて、私たちは日頃それを使っているので、かなりのハンディを負っていると思います。カタカナ英語でも元の英語の音と近いものもありますが、たいていは「早起き」と「ヘイアオキ」くらいの違いがあるので通じない場合が多いのです。このように元の音を無視してしまっているのが問題なんです。

今井 日本人は英語を話すときに英語っぽく話すことを恥ずかしがるところがありますよね。友だちのアメリカ人が言っていたんですが、中学生は特に発音がひどいそうです。

周りの目を意識し始める年頃だからだと思うんですが、「I went to school.」を「アイ、ウェント、ツゥ、スクール」と発音するんですよね。あまりに音が違いすぎるので聞くに堪えないと言っていました。英語として聞こうとするとキツイみたいですね。

遠藤 そういう照れがあると英会話はなかなか上達しませんね。もちろ

ん英語には日本語にない音があるので、最初はどうしてもカタカナのような音になってしまいます。最初はモデル音声をよく聞いて、なるべくモデル音声に近い音を出すように意識していくしかありません。モデル音声をカタカナで受け取らないようになってくれば、徐々に話すほうもモデル音声の音に近づいてきます。

耳から入った単語と目から入った単語

今井 ネイティブと話していて知らない単語が出てくると話の前後から意味を判断したり、相手に聞いたりして理解するわけですが、辞書を引いているわけではないのでスペルがわからないんです。でも、その音を聞き取っていて意味もわかっているので、その音のまま使うようになります。

　そうしていると同じ英単語でも、大学受験で勉強した英単語の発音と、**ネイティブの人たちと話しているときに拾った英単語の発音**は、自分でもわかるくらい違ってくるんです。そして、ネイティブとの会話で拾ったほうの発音を繰り返していると、最終的に大学受験で勉強してきた英単語の発音も変わっていくんですよ。

遠藤 それは面白い経験ですね。日本人からするとスペルがわからないのに発音と意味がわかるというのは信じられないかもしれませんが、考えてみたら自分たちが日本語を覚えたときも最初は音から入っていったわけですからね。

今井 だから僕のなかでは英語のスペルと発音が一致しないことがよくあるんです。このまえ映画を英語の字幕つきで見ていたんですけど、音声とその字幕のスペルが自分のなかで合わないことが所どころありました。

遠藤 日常英会話に不自由しない今井くんでもそういうふうに感じるのだから、初心者はよけい難しいでしょうね。字幕に Have it your way.（好きなようにしろ）と表示された音声が「ハヴィッチュアウェイ」と聞こえたとき、初心者が「この字幕のスペルを、こんな音と対応させるのはムリだ」と感じてしまってもおかしくありません。

　そのようなセリフが続いて出てくると嫌になってしまいます。でも、最初からすべてを完璧にしなくてもいいのです。映画であれば、まずは映像（意味）とセリフ（音）を対応させるだけでもいいわけです。

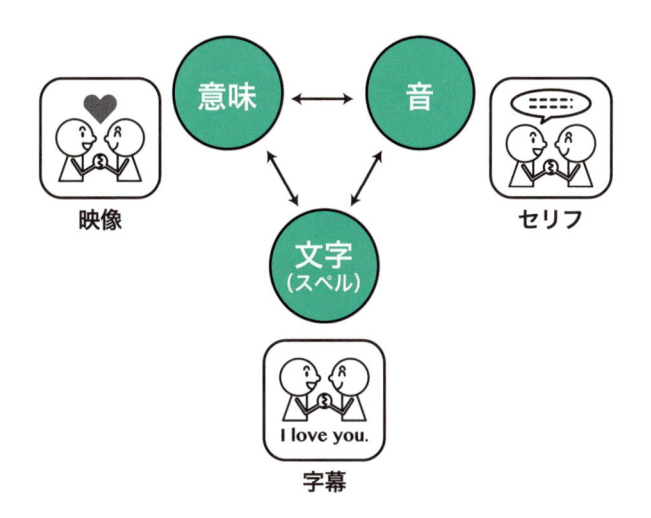

```
         意味 ←→ 音
映像            セリフ
         ↕   ↕
         文字
        (スペル)

         字幕
       I love you.
```

　継続していればそのうち聞き取れるようになりますし、発音できるようになります。音とスペル、スペルと意味の対応も理解できてきます。そうやって全体像が徐々にみえてくるので焦らないで欲しいですね。

　発音についても、口の開き方とか舌の位置などという説明を聞くとウンザリしてしまうのは当然です。そんなことは気にせず、とにかくモデル音声をモノマネするつもりでリピートすればいいのです。そうやって真似していくうちにどこかのタイミングで「われながら上手く言えた！」ということになります。そう、「われながら」でよいのです。

今井　ネイティブが「get away」を「ゲラウェイ」と発音するのは、**そのほうが楽だから**だと思います。僕も今は「ゲラウェイ」のほうが楽です。だから日本人でも慣れたら自然にそうなるから心配はいらないと思いますね。

　ただ、僕の場合も途中から自然とそうなったので、最初からネイティブの発音を狙っていたら途中で息切れしてしまったでしょうね。

遠藤　そうですね。私たちは「日本語の雰囲気が残った英語」からは結局脱却できないと思います。これは他の外国人でも同じで、ドイツ人はドイツ語風の英語になるし、中国人は中国語風の英語になります。

　カタカナの発音を「0」としてネイティブの発音を「100」とすると、最初は聞くほうは「70」、話すほうは「50」を目指す。そして徐々にネイティブに近づけていって、最終的に聞くほうは「90」、話すほうは「70」

あたりを目指すといいのではないかと思います。

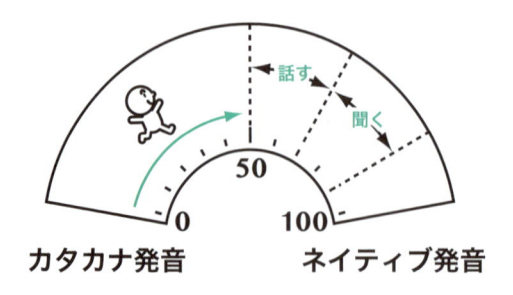

発音の省エネ

今井 リエゾンという単語間の音がつながる法則はどういうものなんですか？

遠藤 just in が just⌒in になるのは、「前の単語の子音」t が「後ろの単語の母音」i とくっついて ti と発音されるからです。子音で終わった語が母音で始まる語とくっついて発音されるわけです。ただし、これは**規則というより発音の省エネ**で、自然にそうなることが多いというだけです。フランス語では規則になっているようですが。

今井 「Have it your way.」が「ハヴィッチュアウェイ」になるのもリエゾンですか？

遠藤 Have it は母音 e で終わった語に母音 i が続いているように見えますが、have の e は発音されないので、Hav⌒it のリエゾンになります。

　it your も見かけは子音どうしが続いていますが、your の y は母音に近い発音で、前の単語の子音とくっつきやすい音です。なので it⌒your と発音されることが多くなります。Did you? が Did⌒you?（ディジュウ）になるとの同じです。

　しかしこれも、結局は発音の省エネです。モデル音声を真似しているうちに自然と省エネしたくなりますよ。

英語は息の言葉、日本語は声の言葉

今井 「センテンス内の強弱」で思い出したのですが、友だちのドイツ

人が「英語はアクセントがはっきりしているけど、日本語はアクセントがないのでわかりにくい」と言っていました。どこで途切れているかわからないと。だから日本語でも比較的アクセントのある関西弁のほうがわかりやすいそうです。

遠藤　日本語にもアクセントはありますが、「橋」と「箸」のように音の高低でアクセントをつけています。それに対して英語は「息を吐く強さ」でアクセントをつけます。

　寒いときに手のひらに息を吐いて温めた経験があると思いますが、ああいう息の吐き方が英語の発声の基本です。寒いときに手のひらに息を吐く音はhという子音の音です。このとき母音（aiueo）が音に含まれていないことに注意してください。

　英語は「息の言葉（無声音＝子音の音）」とも呼ばれることがあるくらい、息を吐くことが重要な言語です。一方で、日本語は「声の言葉（有声音＝母音の音）」と呼ばれることがあります。これは日本語の音（50音）には「ん」を除いて母音が含まれていることからもわかると思います。

　外国人にとって関西弁がわかりやすいのは、関西人のおしゃべりのノリのよさのせいかもしれません。関西人はツバを飛ばすくらいの勢いで話をしていることがありますよね。その勢いが「息を吐く量」にも反映されて、外国人にもわかりやすい「強弱」になっているのだと思います。

　このように日本語と英語ではアクセントの概念自体が違っています。それが「日本人の話す英語が聞き取りにくい」とネイティブに言われる理由の1つです。日本人が強調しているつもりで高い音で発音しても、ネイティブにとっては息が強く吐かれていないので強調とは受け取れないからです。

　逆に、英語は音の高低がない平坦な言語であるともいえます。日本人は単語の意味を区別するために音の高低を意識して聞き分ける能力を自然と身につけています。しかし、どこにも音の高低がない英語を聞くと、日本人にとってはメリハリがなくあっという間に音が流れていくように感じてしまうのです。

今井　ネイティブと英語で話していたらツバが飛んでくることが多いの

はそういう訳だったのですね（笑）

文章では伝わらない感情

今井　会話に込められている感情についてですが、この前見ていた映画でとても印象的なセリフがありました。

　すごくひねくれているおねえちゃんが登場人物なんですが、その人のお母さんが自宅にお客さんを呼んでいたときに、おねえちゃんはお客さんの前を無視して素通りしたんです。

　お母さんに「あなた、ちゃんと挨拶しなさい！」って言われて、おねえちゃんがとても嫌そうな言い方で「Hi!」と言うんです。あのいかにも嫌そうな言い方はとても文章では伝わりませんね。

遠藤　それはムリです（笑）しかし、文章を読んでいるとき気をつけたいのは、文脈からできるだけそういう感情を読み取ることです。そういう感情も含めてどれほど詳しく状況をイメージできるかが大切です。

　英語を黙読しているだけではなかなか状況をリアルにイメージできないと思います。だからこそリピーティングを通じて、そういう感情まで含めた全体を自分のなかに蓄積していくべきなのです。

第3節　段階的音読・暗唱

　第3の「段階的音読・暗唱」では英文を分析的に学び、部分的なイメージと対応させていきます。リピーティングではいわば総合的に全体のイメージをつかむことを学びましたが、ここでは部分ごとに的を絞って理解を深めていくことを目指します。

1 暗唱で自分のレベルを確認する

　まずは音読を行います。リピーティングしたモデル音声を思い出しながら、英文を音読していきます。モデルがどのように話していたか思い出せないときは音声を再生して確認しましょう。

　全体を通して何回か音読を行い、自分のなかにそれなりに英文が蓄積できたと感じられたら、次に暗唱を行います。暗唱とは英文を見ないで思い出しながら、声に出して再現していくことです。みなさんも本章に出てきたストーリーを2、3回音読して暗唱に挑戦してみてください。

　実際にやってみるとわかるように、この段階ではほとんど暗唱できないと思います。「まず何から始まるのだったっけ？」「この次は何だったかな？」という具合に何かに引っかかっているように出てこなかったり、supermarket のような単語は思い出せるけれど、文章が出てこなかったりというパターンが多いと思います。

　この暗唱の目的はそういう自分のレベルを知ることです。レベルといっても記憶力のレベルではありません。**英語の言い回しのパターンにどれくらい慣れているか**というレベルです。

　何回か音読したのですからストーリーは頭に入っているはずです。しかしそれはまだ日本語に翻訳された形で頭に入っているにすぎません。英語がなかなか出てこないのも当然なのです。

　しかし英語の語順や表現パターンに慣れるにしたがって、英語の

まま頭に入って、口から出るようになってきます。ここではまずその慣れのレベルを確認するだけですから、できなくてもがっかりすることはありません。

2 段階的音読・暗唱で再現できる範囲を広げる

暗唱で自分のレベルを確認したところで、「段階的音読・暗唱」という方法で少しずつ再現できる範囲を広げていきましょう。ストーリーの最初の英文を例に「段階的音読・暗唱」を説明します。

<mark>Taro comes</mark> home from school <mark>and opens</mark> the door enthusiastically.

　最初に上記のハイライトがついている部分だけを音読します。つまり「Taro comes　and opens　」と声に出して読むのです。これを何回か繰り返して覚えたと感じたら、この部分の暗唱に挑戦します。英文を見ずに「Taro comes　and opens　」と暗唱できたら第一段階クリアです。

　第二段階もまた音読から始めます。今度は次のように範囲を少し広げて音読します。

<mark>Taro comes</mark> <mark>home</mark> from school <mark>and opens</mark> <mark>the door</mark> enthusiastically.

　つまり「Taro comes home　and opens the door　」と声に出して読みます。これをまた何回か繰り返して覚えられたと感じたら、この部分の暗唱を行います。英文を見ずに「Taro comes home and opens the door　」と暗唱できたら第二段階クリアです。
　これ以降も同じようにして徐々に音読・暗唱する範囲を広げていき、最終的に1つのセンテンスをまるまる暗唱できるようにします。

段階的音読・暗唱の狙いのひとつは**英語の文の始まり方に慣れる**ことです。みなさんも最初に暗唱しようとしたときに、英文の出だしが浮かばなかったのではないでしょうか。英語の言い回しに慣れていないうちは、なかなか最初が浮かんできません。

また、このように一部分を取りだして音読していると、最初のうちは取りだした部分に意識が集中しますが、徐々に取りだしていない部分にも意識が向いていくようになります。

徐々に「comes の次は home が来るはずだったな」とか「and opens で止めるのは何だか気持ち悪いな」と不完全さを感じてくるようになるのです。それは「Taro comes」で止めたとき「どこに帰ってきたんだろう」と考えたり、「and opens」で止めたとき「何を開けたんだろう」と考えたりするのは自然なことだからです。段階的音読ではこのような**不完全さを意識しながら音読する**ことが大切です。

さて、ここまで 1 センテンスを例にあげて説明しました。しかし、実際に「段階的音読・暗唱」を行うときは、1 センテンスではなくストーリー全体を通しで行います。

N	Taro comes home from school and opens the door enthusiastically.
Taro	Mom, I'm home.
Keiko	You're back. You're just in time. Will you go to the supermarket for me?
Taro	Aw, I don't want to.
Keiko	Hanako just fell asleep, and I want to prepare dinner while she's still sleeping.
Taro	Ugh, what a pain.
Keiko	(Measuring with her hands) I'd like a bottle of olive oil this big.
Taro	Can't you just use regular oil?
Keiko	It has to be olive oil! Here's some money.
Taro	You're really making me work.

From「A Heartwarming Family」Story.1『Errands』

　ストーリーの英文全体を通して、緑のハイライト部分を音読します。1つの文のときと同じように覚えられたと感じられるまで何回か繰り返します（STEP.1）。

STEP.1　段階的音読（第一段階）

確かこんな音だったはず

Taro comes …and opens…Mom, I'm… You're…You're… Will you go…

モデル音声を思い出しながら
文の最初を音読する

　次にこの部分の暗唱に挑戦して、英文を見ずに暗唱できるようになったら第一段階クリアです（STEP.2）。

STEP.2　段階的暗唱（第一段階）

え〜と
Taro comes ...and opens...Mom, I'm...
....
あれ？何だったかな ...

英文を確認する
最初から暗唱しなおす

あ〜、そうだった You're だ

話全体を暗唱してみる　　　思い出せないところは英文をちらっと確認する

え〜と
Taro comes ...and opens...Mom, I'm... You're...You're... Will you go...

話全体の暗唱に成功！

　第二段階ではグレーのハイライト部分も加えて同じように何回か音読（STEP.3）を繰り返します。

STEP.3　段階的音読（第二段階）

Taro comes home...and opens the door...Mom, I'm home. You're back. You're just in time. Will you go to the supermarket...

STEP.1 に単語を加えて音読する

　覚えられたと感じたら、この部分の暗唱（STEP.4）をします。このように段階的に音読・暗唱する範囲を広げていき、最終的にはすべての英文を暗唱できるようになることを目指します。

STEP.4　段階的暗唱（第二段階）

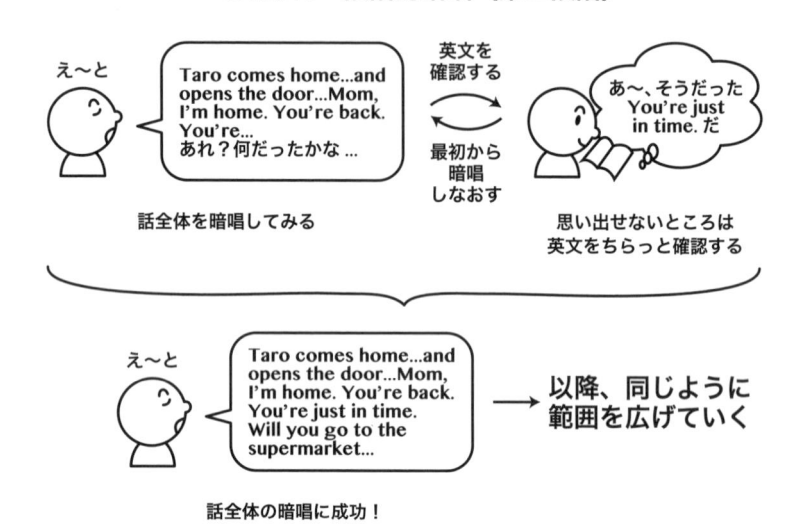

え〜と
Taro comes home...and opens the door...Mom, I'm home. You're back. You're...
あれ？何だったかな...

英文を確認する
↕
最初から暗唱しなおす

あ〜、そうだった You're just in time. だ

話全体を暗唱してみる　　　　　　　　思い出せないところは英文をちらっと確認する

え〜と
Taro comes home...and opens the door...Mom, I'm home. You're back. You're just in time. Will you go to the supermarket...

→ 以降、同じように範囲を広げていく

話全体の暗唱に成功！

　ただし、最初のころはすべての英文を再現することは難しいと思います。そのストーリーの段階的音読・暗唱に飽きたら次のストーリーに移ってまたイメージングから始めてください。最後まで暗唱できなかったとしても気にしないでください。1、2ヶ月程度ではそこまで行かないのがふつうです。
　たくさんのストーリーの英文をこなすうちに少しずつ再生できる範囲が広がっていきます。そのため最初は第一段階をクリアできなくても気にせず、無理のない範囲で段階的音読・暗唱を行うようにしてください。

　繰り返し音読や暗唱をしていると、英語では最初に「何がどうする」という動作を表現していることに気づくと思います。この「何が」をSubject（主語）、「どうする」をVerb（動詞）と呼んでいます。
　このように英語は最初の部分（緑のハイライト部分）を抜き出すだけで物語の「動き」が追いやすいという特徴をもっています。この特徴に慣れることが段階的音読・暗唱のポイントなのです。

それでは日本語はどういった特徴をもっているのでしょうか。日本語訳の出だしに同じようにハイライトをつけて比較してみましょう。

日本語訳

N	太郎が元気良く玄関を開け、学校から帰ってきます。
太郎	ただいま、お母さん。
恵子	おかえり。ちょうどいいところに帰って来たわ。おつかいに行ってくれない？
太郎	え〜。やだよ。
恵子	今、花子が寝たところだから、その間に晩御飯、作っちゃいたいのよ。
太郎	もう、めんどくさいな。
恵子	（手でサイズを作り）これぐらいの大きさのオリーブオイルをお願いね。
太郎	別に普通の油でいいじゃん。
恵子	オリーブオイルじゃなきゃダメなの！　はい。お金。
太郎	本当に人使い荒いんだから。

「ほのぼの家族」Story.1『おつかい』より

　日本語は省略が多かったり語順がカチッと決まっていなかったりするので、英語ほど傾向はわかりやすくありませんが、最初に「学校から」「おつかいに」「これぐらいの」「オリーブオイル」といった行為の対象となるモノが表現されています。最初の部分を抜き出して読み上げていくと、物語にでてくる「モノ」が連なって登場するという特徴があります。

　また、英語では最初にくる動作が日本語では最後に表現されているので、最初の部分（緑のハイライト部分）だけでは何をするのか動作が不明確だともいえます。
　「何をするのか」を表す動詞はその文の「結論」を述べるものなので、日本語は先に結論を述べるのではなく、対象物という「周辺」にあ

たる事柄をまず述べているということになります。日本語には「**先に周辺、後で結論**」という大きな方針があるといえるのです。

　一方で、英語は最初に主語・動詞が述べられるので、先に「結論」を表しているといえます。そして後でその動作につながっている事柄を「説明」していくというパターンをとります。つまり英語には「**先に結論、後で説明**」という大きな方針があるといえるのです。

　このように大きな方針が英語と日本語では異なっているので、日本語の発想のままでは英語を話すことは難しいのです。最初に暗唱しようとしたときに「まず何から始まるのだったっけ？」となってしまうのは、この日本語の発想が邪魔をしていたからなのです。

　最初に周辺情報をもってきて後で結論を述べる日本語の語順に慣れている私たちは、先に結論（主語・動詞）を述べる英語の最初の言葉がなかなか出てきません。だから英文の最初が出てくるようになるための練習が必要なのであって、それが段階的音読・暗唱なのです。

Coffee Break

今井 英文の最初と日本語訳の最初を読み比べると英語のほうは「するか、しないか」はわかるのですが、「何を」というのがまだわかりません。日本語のほうは「何を」はわかるのですが、結局「するか、しないか」がわかりませんね。

遠藤 そうですね。日本人同士でもそれでイライラすることがあるくらいです（笑）日本語は後ろの方を注意して聞かないと、とんでもない誤解をしかねません。「言葉尻をにごす」という表現は結論をぼかしたり、結論が言いにくかったりするときの言い方ですね。

今井 中学生のときに「英語では言いたいことが先にくる」と習ったように覚えています。聞いたときは「なるほど」と思うのですが、さきほどの Will you go to the supermarket for me? のような例文が出てくると、僕は supermarket が言いたいことだろうと感じてしまうんですよね。

遠藤 英語では言いたいことが先にくるというより、あくまで発想の順序が SV から始まるということだと思います。事実、今井くんが感じたようにこの文章では supermarket がいちばん重要だといっても間違いではありませんからね。

今井 そうですよね。

遠藤 もちろん英語が SV から始めるという語順になったのは、「まずそれを言わないといけない」という価値観があったからだと思います。そういう価値観を指して「英語を話す人は SV を重要視してまず述べる」ということはできると思います。

　しかし、ひとつひとつの文の中で何がいちばん重要な単語なのかは別の問題で、まさに文脈によって判断されることです。だから SV は重要というより英語話者は**「最初にそれを言わないと気持ちが悪い」**のだと考えるのが妥当だと思います。前に例に出した「Home!」（ただいま！）でも、頭の中に一瞬「I'm」が浮かんでいるというようなことです。

今井 なるほど。

遠藤 段階的音読・暗唱で**「まず SV から始める」**ということに慣れたら、次に「途中で止める気持ち悪さ」を感じてもらいたいと思います。

「Taro comes　, and opens　, Mom, I'm　」と途中で止めるのは、とても気持ちが悪いはずなのです。「and opens 何を？」のような気持ちといえばいいでしょうか。そして、そのような感覚をもつことができれば、Vの後の単語をつなげて話せるようになるはずです。

　つまり「and opens で止められなくて、つい and opens the door まで言ってしまう」感じになればしめたものなのです。

今井　and opens まで言うことができれば、その後にどんな単語がくるのかは大体想像できますね。そうやって次に述べないといけない単語を絞っていけるようになるのは大きいですね。

遠藤　そうです。なお、本文では説明の都合上、段階的音読・暗唱の最後までひと通り行いましたが、初心者の方は第一段階だけ、つまり SV だけの段階的音読・暗唱でもいいと思います。最初は SV だけでも一杯一杯のはずだからです。すぐに全部できないとだめだと思うとシンドくなって、なかなか続けられなくなります。

　第一段階だけの段階的音読・暗唱でもたくさんのストーリーを1ヶ月、2ヶ月とやっていくうちに徐々に第二段階に進めるようになってきます。焦らずにしっかり第一段階を練習していってください。

第5章
結論を表す動詞のはたらき

第1節　先に結論、後で説明

1　「SV」は結論部分

「先に結論、後で説明」という英語の表現方法はたとえるなら水面に石を投げ込んだときに、**中心点から周辺に向かって波紋が広がっていくようなイメージです。英語を話す人はそのような順番で物事を見ている**ともいえます。

英語＝先に結論、後で説明

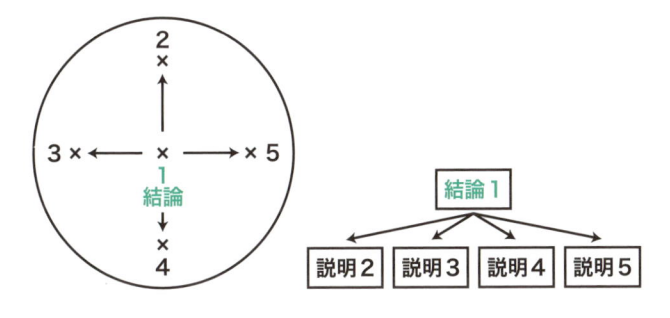

一方、日本語には「先に周辺、後で結論」という大きな方針があることを述べました。日本語は周辺情報を述べてから結論に近づいていくという動きをします。

さらに日本語は結論を述べないで終わらせることもあります。み

なさんも何が言いたいのかよく分からない日本語を聞いたことがあると思いますが、日本語ではそのように結論部分を言わずに、はぐらかしてしまうことがあるわけです。

日本語＝先に周辺、後で結論

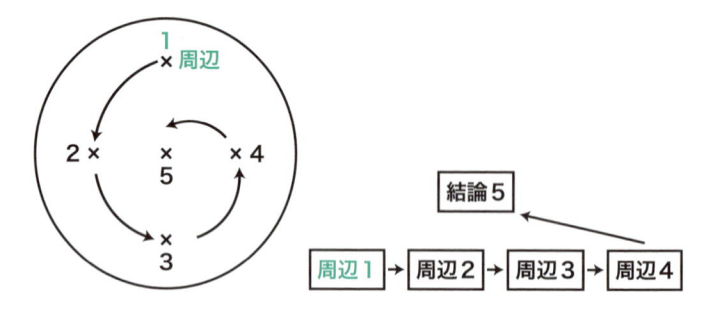

英語では「先に結論」なので、そういうはぐらかしがしにくくなっています。もちろん、はぐらかす言い方がないわけではありませんが、「先に結論」という大きな方針があるので日本語と比べると意思表示がはっきりする傾向があります。

2 「V」の後にくるもの

さて、ここでは動詞の後にはどんな単語がくるのかという話をします。段階的音読を行ったときに「and opens」でいったん止めてもらいましたね。この動詞 opens の次に何の単語がきたか思い出してみてください…。

そう、答えは「the door」です。

Taro comes home from school and opens the door enthusiastically.

しかし、なぜ enthusiastically（元気よく）ではなく the door のほうがしっくりくるのでしょうか？　それは動詞 opens がその行

為を受ける the door を**せっかちに要求している**からです。とくに enthusiastically を強調したいという場合でも、opens と言ってしまった以上はすぐに the door と続けなければなりません。

　ネイティブは opens と言ったすぐ後に、その行為を受ける the door がこなければ、opens という行為が宙に浮いてしまうように感じるのです。

　このように動詞の後ろには、その動詞が要求する単語がきます。また動詞によっては何も単語を要求しないものもあります。つまり、**動詞が英文の流れを決めている**のです。

　その流れも私たちが理解できないようなものではなくて「普通に考えれば、この動詞の後にはこれがくるだろう」と予測できるような自然さを含んでいます。文法を学ぶというのはそのような自然さを理解することなのです。

第5章　結論を表す動詞のはたらき

Coffee Break

今井 英語は結論から入る、日本語は周辺から入るというのは面白いと思いました。英文読解のときに行う「返り読み」はこの違いからくるのですね。大学受験の読解などでよく使った「行って返って、行って返って」というやり方です。しかし、このやり方は英語を理解する方法としてはあまり良くないと思います。

遠藤 返り読み的な英文の理解だと話すときはもちろん、聞くのも難しいですからね。会話では音が次から次へとやってくるわけで「ここは括弧をくくって、前の単語に掛けて…」とかやっていると、とても間に合いません。

当然ネイティブは、文字にすれば左から右への流れのなかでしか理解していません。だから私たちも同じように、**左から右への流れのなかで英文を理解する**ことを目指さないといけません。

一朝一夕にはいきませんが、私たちもそれができるようになります。そのためには英語をもっとシンプルに捉える必要があります。英文法の参考書は難しそうに書かれているので、英語は複雑だと考えがちですが、実際はそうではないということを知ってもらいたいと思います。

今井 よく新しい学習理論に基づく英会話教材みたいな広告がありますよね。「脳科学で実証された画期的な英語学習法！」とか。ああいうのってどうなんでしょう。

遠藤 英会話に挑戦して挫折した経験のある人に「この方法ならうまくいきますよ！」ということをアピールしているんでしょうね。しかしその教材を使ってうまくいく人もいれば、やはりうまくいかない人もいると思います。英会話を習得するのにとくに新しい理論は必要ないのです。

今井 この本は「新しい理論」ではないのですか？

遠藤 実はたいへん新しい理論です。

今井 それを早く言ってもらいたかったですね（笑）どんな理論なのですか。

遠藤 本書の場合は理論というよりも習得法ですが、その方法はたいへ

んシンプルで「**英語表現に含まれている自然さを感じ取ろう**」ということです。文法から英語を理解するのではなくイメージから英語を理解する。返り読みせずに左から右に流れてくる言葉通りに理解していく。これは日本人にも習得できるはずです。

今井 英語に含まれている自然さについては僕も感じたことがあります。僕はこれまで5年以上、英語を話しているんですが、英会話に慣れてきたころに自分の英語が「なんか違うな」って感じたことがあったんです。

ネイティブに「今の変だよね？」って聞くと「変だ」って言われて。それで何がおかしいのか考えてみるわけです。それはいわば机の上を指の腹でずーっと触り続けていると、どこかで感覚が研ぎ澄まされてきて、「ここにでこぼこがある」ってわかるようになる感覚なんですね。その感覚があると自然と修正できるようになってくるんです。

セリフって川の流れみたいなものだと思うんです。うまくいっているときはすーっと流れているんですけど、間違えているときはどこかに石とか岩がある。でも英会話を始めたころはわかんないから無視してしまうんですね。

ただ、間違いを含んだセリフを繰り返していると、あるときその流れがどこか不自然だということに気づくわけです。けっこう不思議な経験だったんですけれど、英語表現に自然さが含まれていると聞いて、なるほどと納得できました。

遠藤 そのような自然さが背後にあるからこそ、今井くんも自分が話している英語の不自然さに気づけたのだと思います。その流れを遮っていた石や岩というのは、日本語の世界では自然なものだったのかもしれません。それがついつい英語のほうに入ってきてしまうのです。

英語を学ぶときにはそういった「日本語の干渉」があります。だから日本語がうまい人ほど英語が学びにくいとも言えます。

第2節　be動詞と一般動詞のはたらき

　英語は主語・動詞が結論部分で、その**動詞が後ろに何の単語をもってくるのかを決めています**。このように英語では動詞が果たす役割が重要です。そこで、ここからは動詞に焦点を合わせて英文の組み立て方を説明していきましょう。

　英語の動詞は大きく分けて2種類あります。「be動詞」と「一般動詞」です。まずbe動詞から説明していきます。

1 be動詞は「イコール」を表す

N	Taro and the old couple talk as they walk.
Old Woman	<u>You're very kind to help us</u>. We couldn't read this map at all.
Taro	Actually, this street is hard to find. The dental clinic is next to my friend's house, so I know where it is.

From「A Heartwarming Family」Story.1『Errands』

You are very kind to help us.

　この文の are が be 動詞と呼ばれる動詞です。be 動詞はもともと「存在する」が基本イメージで、日本語の「ある、いる」に当たる単語でした。しかし、時が経つにつれて「存在」のニュアンスが薄れてきて、いまでは**「イコール」と同じ**ように使われています。イメージで表すと「You = very kind」となります。

You are very kind ...

be = 現在 ≡ very kind

ネイティブが You are very kind. と言うとき、普通は are をごく弱く、短く発音します。are を発音しているつもりでも実際にはほとんど発音していなかったりします。聞く方も聞こえているつもりでも聞こえていなかったりします。逆にいうと聞こえていないのに聞こえているように感じていたりします。それぐらい軽い単語だと見なしているわけです。

日本語訳

N　　　太郎と老夫婦が歩きながら話をしています。

老婦人　本当に助かったわ。この地図じゃ、全然わからなくて困っていたのよ。

太郎　　ちょっとわかりにくい道なんですよ。僕もその歯医者が友達の家の隣だから、知っているだけなんです。

「ほのぼの家族」Story.1『おつかい』より

---

2 一般動詞は「矢印」を表す（SVO）

次に一般動詞と呼ばれる動詞の説明をします。

Keiko　(Angrily) Taro! Hurry up. Get up and have your breakfast.

Taro　(Half-asleep) What time is it?

Keiko　It's 7:00.

Taro　(Jumps up) Why didn't you wake me up earlier? I told you I had an early morning soccer practice,

```
            didn't I?
Keiko    I called you many times.
```
                            From「A Heartwarming Family」Story.2『Breakfast』

I called you many times.

　この文の called が一般動詞です。一般動詞の基本イメージは「左から右へ向かう矢印」で、その矢印に動詞のニュアンスが加えられます。イメージで表すと「I → you」となります。

I called you ...

call
過去

　called は動詞 call（大声で呼ぶ）の過去形で、call という行為が過去に行われたということを表しています。つまり、「大声で呼ぶ」＋「過去」というニュアンスが矢印に加わっているわけです。

　なお、called という形からわかるように、過去形は元の動詞に ed をつけて派生させた単語です。

　ここまでわかったら日本語訳をしたくなると思いますが、重要なことは日本語訳することではありません。この英文から情景を思い浮かべられることが重要なのです。

　ただ、学習を始めたばかりの人にとっては英文から情景をつくりあげることは簡単ではないでしょう。そこで第 2 章で紹介した「体を使ってイメージを深める」を実践して情景をつくりあげてみたいと思います。

　1．I と言って、自分の胸に手をあてます。
　2．called と言って、手を自分の胸から離して前方に向けていきます。

3．you と言って、想像上の相手に手を向けます。

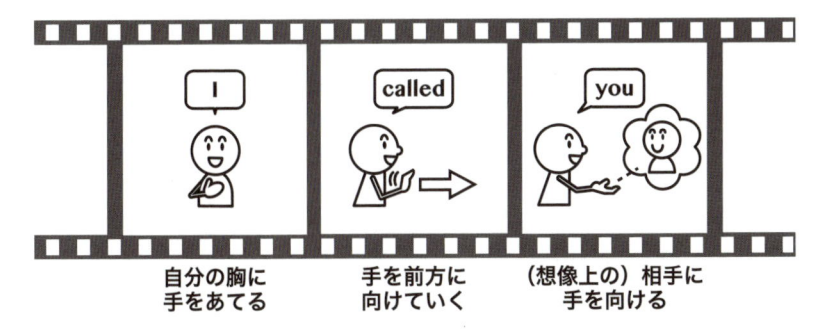

I	called	you
自分の胸に手をあてる	手を前方に向けていく	（想像上の）相手に手を向ける

　このように体を使うことで、紙の上にしか存在していなかった英文のイメージを現実世界に描くことができるようになります。
　さて、ここまできたら日本語訳を知らなくても情景が思い浮かべられていると思います。この段階でもまだ不安があるようなら日本語訳を確認してください。自分の描いたイメージと違っていないかどうか確認するのです。

　ここまで説明したことをモデル化して考えてみましょう。
　例文の I called you は「I を called が引っ張って you にあてる」という構造になっています。これをモデル化すると「○ → ○」になります。このモデルが英語のもっとも標準的な形で、文法では SVO の文型と呼んでいます。S は主語（subject）、V は動詞（verb）、O は目的語（object）です。そして、このような目的語に影響を及ぼす動詞を「他動詞」と呼んでいます。
　こういう文法用語はモデル化された要素に名前をつけたものです。もちろん英会話のときに「この文は SVO の構造だから、S に I を入れて、V に called を入れて、O に you を入れる」などと考えている暇はありません。このような解説はインプットの理解を助けるためのものであり、アウトプットではあまり役に立たないのです。

> **日本語訳**
>
> 恵子　（怒ったように）太郎！　早く起きて朝ごはん食べなさい。
> 太郎　（寝ぼけて）今、何時？
> 恵子　7時よ。
> 太郎　（飛び起き）なんで、もっと早く起こしてくれないんだよ。今日はサッカーの朝練だって言ったじゃん。
> 恵子　何度も起こしたわよ。
>
> 「ほのぼの家族」Story.2『朝食』より

3 矢印の宛先がない動詞（SV）

> N　　　Taro bangs on the bathroom door.
> Taro　　Dad, hurry up. I can't hold it anymore.
> Mamoru（Toilet flushes）Then don't sleep in so late that you can't hold it.
> Taro　　Ugh! It stinks! What on earth did you eat?
>
> From「A Heartwarming Family」Story.2『Breakfast』

It stinks!

　この例文ではstinksが一般動詞で、stink（悪臭がする）の現在形です。つまり、「悪臭がする」＋「現在」というニュアンスが矢印に加わっているわけです。イメージで表すと「It →」となります。

It stinks!

it　⇨ stink
　　　現在

ここでも体を使ってイメージを深めてみましょう。

1．It と言って、「この場の状況」に手を向けます。
2．stinks と言って、手を別の方向に向けていきます。
3．stinks を受けるモノがないため、その手をそのまま流します。

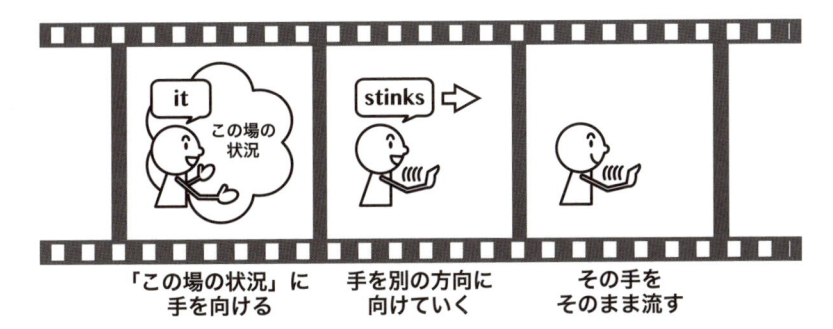

「この場の状況」に　　手を別の方向に　　その手を
手を向ける　　　　　　向けていく　　　　そのまま流す

　この文では一般動詞である矢印のあて先がありません。stinks の行為を受ける言葉がないのです。このような場合は stinks の行為**が他の単語に影響を及ぼさずに自己完結している**と解釈します。

　この文をモデル化すると「○ →」になります。文法ではこのような型の英文を SV と呼び、自己完結している動詞を「自動詞」と呼んでいます。

日本語訳

N　　　太郎が激しくトイレのドアをノックしています。
太郎　　お父さん、早く出てよ。漏れちゃうだろ。
守　　　（トイレを流す音）漏れそうになるまで寝てるなよ。
太郎　　うわ！　臭！　一体、何食ってんだよ。

「ほのぼの家族」Story.2『朝食』より

4 矢印がイコール+αを表す動詞（SVC）

> N　　　　Keiko sprints after Taro.
> Keiko　　(Wheezing) Taro!
> Taro　　 Mom, why are you here? <u>Your face looks like a gorilla.</u>
> Keiko　　You're the one to blame. You think I willingly went out without any make-up on? Here, you forgot this.
>
> From「A Heartwarming Family」Story.2『Breakfast』

Your face looks like a gorilla.

　この例文では looks が一般動詞で look（見る、見える）の現在形です。look が「見る」と「見える」のどちらの意味になるかは文脈に依存しますが、例文では「見える」の意味で使われています。つまり、「見える」＋「現在」というニュアンスが矢印に加わっているわけです。イメージで表すと「Your face → like a gorilla」となります。

Your face looks like a gorilla.

☺ ⇨ look 現在　[like a gorilla]

　ここでも体を使ってイメージを深めてみましょう。
　1．Your face と言って、想像上の相手の顔に手を向けます。
　2．looks と言って、手をその顔から離して別の方向に向けていきます。
　3．like a gorilla と言って、想像上のゴリラのようなものに手を向けます。

(想像上の)相手の顔に手を向ける　手を別の方向に向けていく　(想像上の)ゴリラのようなものに手を向ける

　この文もモデル化して考えると I called you と同じ「○ → ○」という形になります。ただしこの２つの例文は微妙に矢印の役割が違っています。I called you では矢印の影響を右の単語が受けていますが、Your face looks like a gorilla. では Your face が矢印によって like a gorilla. と結び付けられています。

　つまり、この例文の矢印は be 動詞の役割（イコール）と似ているわけです。正確には、**be 動詞のイコールに一般動詞 look のニュアンスが加わっている**のです（イコール＋見える）。文法ではこのような型の英文を SVC と呼んでいます。C は補語（complement）です。

日本語訳	
N	恵子は猛ダッシュで走り、太郎に追いつきます。
恵子	（ゼイゼイしながら）たろー！
太郎	お母さん。どうしたの？　そんなゴリラみたいな顔して。
恵子	あんたね。誰が好き好んでノーメイクで外に出ると思ってんのよ。はい、忘れ物。

「ほのぼの家族」Story.2『朝食』より

5 人とモノのやりとりをする動詞（SVOO）

N	Mamoru and Taro come home.
Taro	We're home. We bought toilet paper.
Keiko	Thank you.
Taro	<u>We also bought you a present</u>. It's your favorite, an éclair.
Keiko	Oh, how nice! It just so happens that I wanted to eat something sweet.

From「A Heartwarming Family」Story.8『Driving』

We (also) bought you a present.

　この例文では bought が一般動詞で、buy（買う）の過去形です。つまり、「買う」+「過去」というニュアンスが矢印に加わっています。そして、今回はその矢印の右側に単語が２つ、you と a present が並んでいるのが、これまでの例文と異なっています。イメージで表すと「We → you + a present」となります。

We bought you a present.

ここでも体を使ってイメージを深めてみましょう。
1．We と言って、想像上の私たちに手をあてます。
2．bought と言って、手を私たちから離して前方に向けていきます。
3．you と言って、想像上の相手に手を向けます。
4．相手に手を向けたまま a present と言って、手品のように

手のひらの上にプレゼントを出現させます。

We	bought	you	a present
(想像上の)私たちに手をあてる	手を前方に向けていく	(想像上の)相手に手を向ける	相手に手を向けたまま手品のようにプレゼントを出現させる

　この buy のように右側に単語が2つ並ぶ動詞には give や take などがあります。これらの動詞は「動詞＋人＋モノ」の順序で「人とモノのやりとりをする」ことを表します。この「人＋モノ」という順序は、まず人に手を向けて、次にその手のひらの上にモノを出現させると考えると理解しやすいでしょう。

　この文をモデル化して考えると「○ → ○ ＋ ○」になります。文法ではこのような型の英文を SVOO と呼んでいます。

　この型の英文は動詞の次に目的語が2つ並ぶので慣れるまでに少し時間がかかるかもしれません。この型の英文に出会ったら何度もリピーティングや音読をして、しっかり自分のものにして下さい。

　さて、一般動詞の英文の組み立て方を説明してきましたが、文法には SVOC という型もあります。それについては第9章で述べたいと思います。

日本語訳

N	太郎と守が家に帰って来ます。
太郎	ただいま。トイレットペーパー買ってきたよ。
恵子	ありがとう。
太郎	これ、おみやげ。お母さんの好きなエクレアだよ。
恵子	わー嬉しい、ちょうど甘いものが食べたかったのよ。

「ほのぼの家族」Story.8『ドライブ』より

第5章 結論を表す動詞のはたらき

☕ Coffee Break

今井 うーん。僕はこの自動詞や他動詞って大嫌いなんです。

遠藤 なぜですか？

今井 学校でいろいろと暗記させられるじゃないですか、自動詞と間違えやすい他動詞一覧とか、他動詞と間違えやすい自動詞一覧とか。

遠藤 例えば「discuss は他動詞だから目的語をすぐ後ろにもってこないといけない」とか、「arrive は自動詞だから前置詞が必要で、前置詞は at を使う」とかいうやつですね。

今井 そういうのって僕には役に立ちませんでしたね。そもそも何でそうなるのかが全くわからない。いきなりドンと上から降ってくるし、現実と切り離されてしまっているから手がかりがない。動詞の活用表みたいな感じで、僕のなかでそれに対する感覚が死んでしまうんです。

　だから僕は英会話を学ばないといけなくなってからも、自動詞と他動詞の区別は意図的に無視してきました。それでも十分ネイティブと会話ができているから、そんなの知らなくてもいいんじゃないかと思っているんです。

遠藤 なるほど。1つの動詞が自動詞として使われることもあれば、他動詞として使われることもあるので、表で覚えようとするとシンドいですね。そもそも動詞が後ろの単語に影響を及ぼしている場合は他動詞といい、自己完結している場合は自動詞といっているだけですから。

　動詞の使い方というのは実際の英文から学んだほうがいいと思います。それも自動詞として使われているのか他動詞として使われているのかといった文法的な視点で見るのではなく、「この動詞はたいてい後ろの単語に直接影響を及ぼしがちだな」とか「この動詞は前置詞の with とよくペアで使われているなあ」といった感じで経験的に学んでいくべきなんです。

今井 僕は英文法って何となく筋トレのようなものだなと思っているんです。野球選手にとっても筋トレは重要ですが、筋トレさえしていればすごい野球選手になれるわけではありませんよね。

遠藤　もしそうだったらボディビルダーはみんな野球が上手いことになってしまいますね（笑）あんなに筋肉をつけてしまうと、逆に野球はやりにくいと思います。同じように、実は英文法をやりすぎたら英会話はやりにくくなると思います。それに英文法の本を読むのに時間がかかりすぎて、会話の練習に回す時間や気力がなくなってしまうのでは本末転倒ですよね。

今井　英文法に時間をかけすぎないっていいですね（笑）

遠藤　ゲームを始めるのにゲームの攻略本を隅から隅まで読む必要はないのと同じことだと思います。攻略本も文法書も必要に応じて読めばいいのです。

今井　学校で習うような英文法が全部分かってないと話せないんじゃないかって心配する人っているじゃないですか。でも、そんなことを心配している暇があったら、少しでも会話の練習をしたほうがいいですよね。**文法が全部わかったとしても、その時点ではやはり話せない**わけですから。練習や実践から逃げたらいけないんだと思いますね。

遠藤　英会話を習得していくには自分のなかに英文を蓄積していかなければいけません。そのために英文法を道具として使うわけですが、道具はあくまで道具であって、力を入れるポイントはそこではありませんね。

第3節　動詞の派生語

　be 動詞と一般動詞について見てきましたが、ここで一般動詞から派生している単語についても確認しておきましょう。

1 現在分詞ingは進行している状態を表す

> N　　At Taro's house, <u>Keiko is waiting impatiently for Taro to return</u>, when she hears an ambulance siren. Keiko anxiously looks out the window.
>
> 　　　　　　　　　　　　From「A Heartwarming Family」Story.1『Errands』

Keiko is waiting impatiently for Taro to return.

　この文の is が be 動詞で、ここでも is はイコールを表しています。イメージで表すと次のようになります。

Keiko is waiting ...

be＝現在　waiting ⇨

　waiting は動詞 wait（待つ）に ing をつけて派生させた単語です。この「動詞＋ing」という単語には「いま〜している」という何かが進行しているニュアンス（進行）や、「まさに〜している」という実際に何かが起きているニュアンス（現実感・ライブ感）が含まれています。何かがブルブル震えている（動いている）ような状態と考えるとわかりやすいかもしれません。

ing（現在分詞）

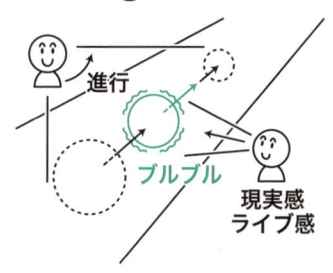

つまり、waiting は wait（待つ）＋ ing（進行・現実感）で「待っているところ」というニュアンスを表します。この waiting のような「動詞＋ ing」で表される単語を「現在分詞」と呼びます。そして、例文のような is waiting（be 動詞＋現在分詞）を「進行形」と呼んでいます。

ここで大切なのは Keiko = waiting という文構造です。この文は You = very kind と同じ構造であり、very kind が waiting になっただけです。そして waiting という**現在分詞単独で「進行」や「現実感・ライブ感」というニュアンスを表しています**。「be 動詞＋現在分詞」というセットが「〜しているところです」という意味を構成しているのではないのです。

「be 動詞＋現在分詞」というセットにこだわらなければ、進行形以外で ing が出てきた時に理解しやすくなります。さらに ing のニュアンスが自分のなかでイメージできれば、日本語訳に固執せずに済むようになり、英語を使う時の自由度が飛躍的に高まります。

単語をセットにしてしまうことで個々の単語の姿が見えなくなることがあります。個々の単語レベルから丁寧に学ぶように意識していただきたいと思います。

日本語訳

N 太郎の家では恵子が太郎の帰りを待ちわびています。

> とその時、救急車のサイレンが聞こえてきました。恵子は心配そうに窓の外を見ます。
>
> 「ほのぼの家族」Story.1『おつかい』より

2 過去分詞edは完全な状態を表す

> N　　　　The bookcase in Shinichi's room is filled with manga.
> Taro　　Wow! Do you have the whole series?
> Shinichi　Yup. I can lend you some.
>
> From「A Heartwarming Family」Story.3『Going to a friend's house』

The bookcase (in Shinichi's room) is filled with manga.

　この文も be 動詞の is が使われており、イメージで表すと次のようになります。

The bookcase is filled ...

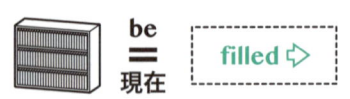

be ＝ 現在　filled ⇨

　filled は動詞 fill（満たす、いっぱいにする）に ed をつけて派生させた単語です。filled が動詞として使われる場合は「過去形」と呼びますが、この例文のように動詞以外で使われる場合は「過去分詞」と呼びます。

　過去形と過去分詞は「過去に fill（満たす）という行為が行われたこと」を表している点では共通しています。違いは**過去形として使われる場合は「動作」を表し、過去分詞として使われる場合は「状態」を表している**という点です。

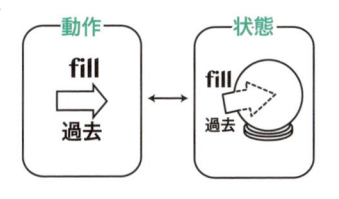

これだけ聞くと不思議な気がするかもしれませんが、実はそんなに複雑なことではありません。ネイティブは filled が動詞ではないなと思ったら、それが表すものを**マルッと固まり（完全な状態）にしてしまっている**だけなのです。この状況を、体を使って表現してみると次のようになります。

動詞の場合　Shinichi filled the bookcase with manga.
1．filled と言って、手を前方に向けていきます。
2．目的語（the bookcase）を言って、その目的語に手を向けます。

過去分詞の場合　The bookcase is filled with manga.
1．filled と言って、手を前方に向けていきます。
2．そのままマルッと手を回して固まりをつくります。

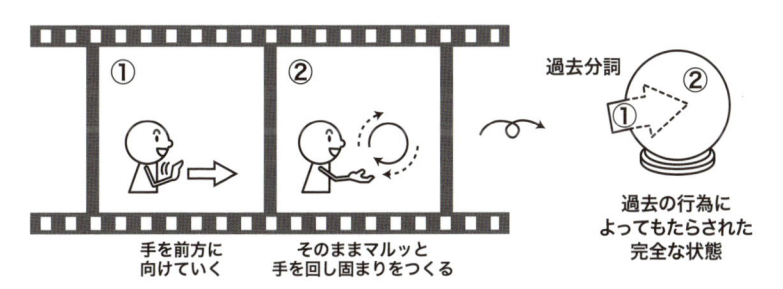

このように過去分詞の基本イメージは「**過去の行為によってもたらされた完全な状態**」となります。過去形と過去分詞の違いを例文でも確認してみましょう。

Shinichi **filled** the bookcase with manga.（過去形）
The bookcase is **filled** with manga.（過去分詞）

ここで「filled the bookcase」と「the bookcase is filled」は、ほとんど同じ状況を表していることに注目してください。（違いは時制が異なっていることです）

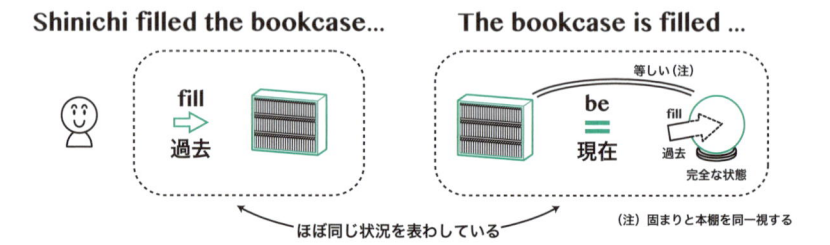

Shinichi filled the bookcase...　**The bookcase is filled ...**

等しい（注）

ほぼ同じ状況を表わしている

（注）固まりと本棚を同一視する

このように filled には「過去にその行為が行われた」ニュアンスが含まれ、それが動詞として使われる場合にはその矢印のあて先を準備し、過去分詞の場合は固まりの状態として用いているだけなのです。

The bookcase is filled は the bookcase が filled（完全に満たされた状態）に等しいと述べています。このように「主語」と「過去分詞（完全な状態）」がイコールで結びつけられると、過去の行為は主語以外の誰かが行ったことになります。

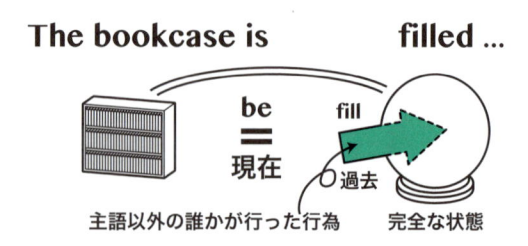

The bookcase is　　filled ...

主語以外の誰かが行った行為　　完全な状態

文法では「be 動詞＋過去分詞」を「受け身」として説明しますが、この説明は「～された」というニュアンスを強調しすぎるきらいがあります。The bookcase is filled with manga. は**「本棚はマンガ本で満たされています」という受け身的な訳より「本棚はマンガ本でいっぱいです」というほうが、より英語のニュアンスに近い訳です**。「be 動詞＋過去分詞は受け身を表す」というルールで捉えてしまうと、英文から抜け落ちてしまうものがあるのです。

日本語訳

N　　　信一の部屋の本棚には漫画がぎっしり並んでいます。
太郎　　すげえ！　これ、全巻揃ってるの？
信一　　うん。揃ってるよ。貸してあげようか？

「ほのぼの家族」Story.3『友達の家に遊びに行く』より

第5章　結論を表す動詞のはたらき

☕ Coffee Break

今井 中学校のころに「It will stop raining soon.」(きっとすぐに雨がやむだろう)という英文を学んだときに「stop の後ろは ing 形にしなさい」と言われたことを覚えています。そういう風に言われたら「これは覚えなければいけないな」って思いますよね。

でも、そう思った瞬間に僕のなかで自然な英語に対する感覚が死んでしまうんです。本来は raining という単語に「雨が降っている」という進行のニュアンスが表現されているはずなのに、覚えなさいと言われた途端に何のイメージもわかなくなってしまうんです。それで、じゃあとりあえず stop の後ろだから raining にするかっていう風になってしまうんですよね。

遠藤 そうですね。「It is raining.」(雨が降っている)という光景を見ながら「It will stop raining soon.」と言っているわけだから、raining で当たり前なわけです。ことさら stop の後は raining だという必要もありません。

今井 こういう規則って本当に必要なのかなって思いますね。

遠藤 確かにそのあたりは自然さでカバーできる部分とも言えますね。英語の表現としての自然さを解説しているのであれば意味がありますが、「そういう規則だからこうなる」では何も解説していないのと同じです。

だから、学習する側としては規則として鵜呑みにするのではなくて、その規則の由来となった「表現としての自然さ」を感じ取ることが大切なのです。

今井 過去形や過去分詞は元の動詞に ed がつく以外にもパターンがありますね。

遠藤 そうですね。fill は規則的に変化する動詞なので過去形・過去分詞ともに filled でしたが、不規則に変化する動詞もあります。

今井 不規則に変化する動詞って、よく参考書や教科書の裏に一覧表になっているじゃないですか。あれって覚えるべきなんでしょうか?

遠藤　あまり面白いことじゃないのでムリして暗記する必要はありません。というか、当面必要な不規則動詞の活用はみなさん学生時代にしっかり覚えていると思います。

　それよりも過去形や過去分詞がどのようなニュアンスをもっているのかを感じ取ることが大切です。不規則動詞のレパートリーは英文に触れていくなかで少しずつ増やしていってください。

今井　なぜ全ての動詞を filled のように規則動詞にしなかったんでしょうか。いろいろと覚える単語が増えて面倒だと思うのですが…。

遠藤　go – went – gone のような動詞は過去形 went と過去分詞 gone が別の単語なので不規則動詞ですね。このように**過去形と過去分詞で別の形になる動詞は、日常的によく使われるものが多い**のですが、そういったものは「動作」なのか「状態」なのかが区別されているほうが使い勝手がいいからでしょう。

　日常用語としての頻度が少ないものは過去形と過去分詞が同じ形をしていたほうが、いちいち別の言葉を覚えなくていいから、それはそれで使い勝手がいいということですね。

第6章
結論と説明のつなぎ方

　第5章では「先に結論、後で説明」の「先に結論」を動詞の種類別に説明しました。引き続き本章では「先に結論、後で説明」全体に目を向けて、英文の流れと組み立て方を説明していきます。

第1節　先に状態を宣言、
　　　　　すぐ後で内容を説明

itとtoのはたらき（形式主語とto不定詞）

N	Mamoru talks about his interest in cars with his colleague over drinks.
Mamoru	A Mercedes is nice, but it's hard to write off Japanese luxury cars.
Colleague	If the cost is the same, I'd rather buy a Japanese car.

From「A Heartwarming Family」Story.5『Talking about hobbies』

It's hard to write off Japanese luxury cars.

　It's hard の it は指示語と呼ばれるもので、具体的な何かを「それ」と指すこともできますが、漠然とした状況や雰囲気も指すことがで

きます。この例文でも it は漠然とした状況を表しています。

　to write off Japanese luxury cars の to は、It's hard が向かう方向（→）とその到達点（□）を示しています。到達点（□）は中身が入る箱のようなものと考えてください。これらをあわせて to の基本イメージは「到達点を含む矢印」となります。

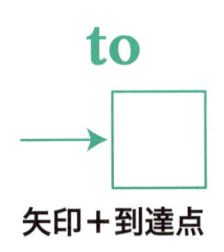

to

→ □

矢印＋到達点

　例文では to と述べたときに「→□」が用意され、その空箱にwrite off Japanese luxury cars（日本の高級車を候補から外す）という中身が入ります。イメージで表すと次のようになります。

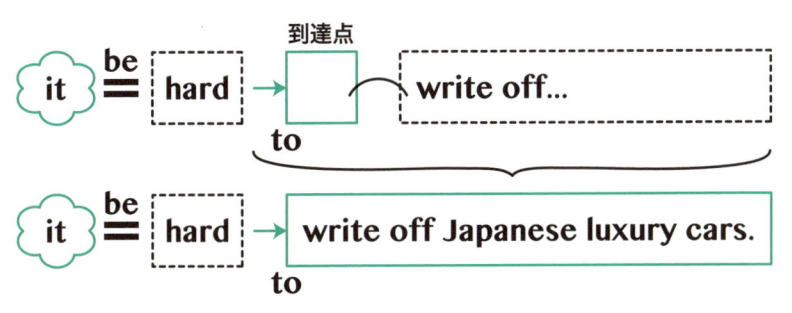

It's hard to write off Japanese luxury cars.

　　　　　　　　到達点
it ＝ be hard → □ ⌒ write off...
　　　　　　　　　to

it ＝ be hard → write off Japanese luxury cars.
　　　　　　　　to

　この例文のように英語では先に It's hard（それは難しいよ）と状態を宣言することをよく行います。しかし、これだけでは聞き手が「何が難しいの？」と思うので、すぐ後でその内容を説明していきます。それが to write off Japanese luxury cars です。

　では、体を使ってイメージを深めてみましょう。
　1．It's と言って、目の前に漠然とした「もやもや」を思い浮かべ、そこに手を向けたままにします。

2．hard と言って、その「もやもや」と hard を結びつけます。
3．**to と言って、手を到達点（箱）に向けていきます。**
4．write off Japanese luxury cars と言って、箱の中に「日本の高級車を候補から外す」という行為を出現させます。

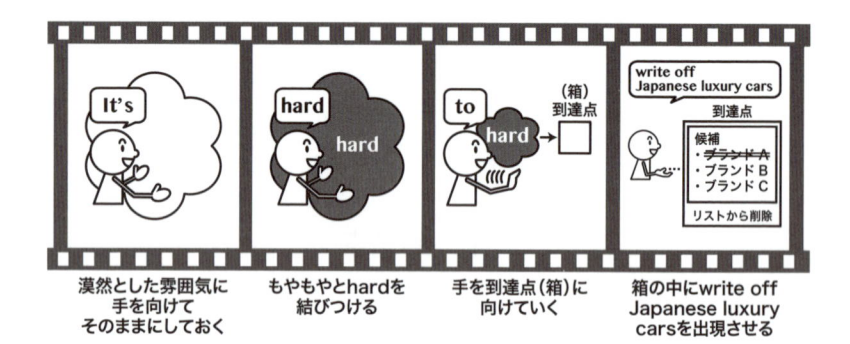

| 漠然とした雰囲気に手を向けてそのままにしておく | もやもやとhardを結びつける | 手を到達点(箱)に向けていく | 箱の中にwrite off Japanese luxury carsを出現させる |

文法では最初の it を形式主語と呼び、it = to write off Japanese luxury cars と習います。しかし、これは2つの点で勘違いしやすい解説です。

第1に「形式主語」という名称を使ってしまうと、今述べたような **it のニュアンスは無視される** ことになります。第2に「it = to write off Japanese luxury cars」という解釈では **時間がかかりすぎます**。これは最後まで聞いて To write off Japanese luxury cars is hard. という文に変換してから理解しようということだからです。

It's hard (to write off Japanese luxury cars.)

机に向かっているのならともかく、音が次から次へと飛んでくる会話ではそんなことをしている時間はありません。

そもそもネイティブは「it = to write off Japanese luxury cars」のようにはまったく捉えていません。イメージ図にあるように「it = hard」と捉えているだけなのです。

このような解釈方法が日本で教えられているのは綺麗な日本語に訳すためです。さきほどの To write off Japanese luxury cars is hard. という文章は、ネイティブにとっては聖書に出てくるような非常に仰々しく堅苦しい表現なのですが、私たち日本人にとってはスムーズに理解できて訳しやすい語順になっています。つまり、この並べ替えは翻訳するためのテクニックだったわけです。

	日本語訳
N	守が会社の同僚と酒を飲みながら趣味である車の話をしています。
守	ベンツもいいけど、日本製の高級車も捨てがたいんだよな。
同僚	どうせ値段的に変わらないなら、俺は日本車の方が、やっぱりいいね。

「ほのぼの家族」Story.5『趣味の話』より

itとthatのはたらき（形式主語とthat節）

Colleague	It's incredible that that man is the general manager. Even though he's slow with his own work, he puts unreasonable demands on us.
Mamoru	Such people exist in every company. I think our company is better than others.
Colleague	Yeah, I agree.

From「A Heartwarming Family」Story.5『Talking about hobbies』

It's incredible that that man is the general manager.

例文には that が２回でてきます。that は指示語と呼ばれるもので、遠くのものを「あれ」や「あの」といったニュアンスで指さします。さらに遠くのものを指し示すというところから、何かを誘導するように働くこともあります。

例文の最初の that は「誘導」のはたらきをして、**これから話が進む方向を指さします**。2番目の that man の that は「（ここではなくて）遠くにいる」男を指さしています。イメージで表すと次のようになります。

It's incredible that that man is the general manager.

では、体を使ってイメージを深めていきましょう。

1. **It's と言って、目の前に漠然とした「もやもや」を思い浮かべ**、そこに手を向けたままにします。
2. incredible と言って、その「もやもや」と incredible を結びつけます。
3. **that と言って、別の方向を人差し指で指さします。** もやもやの進む方向を指さしたら一度手を下ろします。
4. **that man と言って、想像上の遠くにいる男を指さします。**
5. is と言って、手を向ける形に直します。
6. the general manager と言って、遠くにいる男と the general manager を結びつけます。

It's	漠然とした雰囲気に手を向けてそのままにしておく
incredible	もやもやとincredibleを結びつける
that	もやもや(incredible)の進む方向を人差し指で指さす
that man	遠くにいる男を指さす
is	手を向ける形に直す
the general manager	that man とthe general manager を結びつける

このように that は具体的なモノを指すときもあれば、誘導として使われることもあります。しかし、どちらも「少し距離のある遠くのものを指さす」という意味とはたらきがあります。

学校ではなぜか that の説明を軽く済ませてしまうので、そのニュアンスがよくわからなかった人もいると思います。そういう人にこそ、that と言いながら遠くを指さすことを繰り返して、that の感覚をつかんでもらいたいと思います。

日本語訳

同僚　あのおっさん、よく部長になれたよな。自分は仕事遅いくせに、俺たちには無理難題、押し付けてきてさ。

守　　どこの会社にもそういう人間はいるさ。うちの会社なんてまだマシな方だって。

同僚　まあな。

「ほのぼの家族」Story.5『趣味の話』より

第6章 結論と説明のつなぎ方

☕ Coffee Break

今井 It's hard to write off Japanese luxury cars. の write も動詞ですよね。

遠藤 この write は動詞ですが、正確には「動詞の原形」と呼ばれる形です。

今井 to write で「to 不定詞」と習ったと思うのですが、「動詞の原形」とは何が違うんですか？

遠藤 「不定詞」と「動詞の原形」は同じものです。英語ではどちらも infinitive verb（制限されていない動詞）といいます。

今井 「制限されていない」というのはどういう意味ですか？

遠藤 例えば say という動詞は「誰が言ったのか」「いつ言ったのか」といった現実世界のいろいろな状況の中で使われます。それによって says になったり said になったり姿を変えます。この says や said が制限された形です。say が現実世界に姿を表すときに人称や時制から制限された（定めを受けた）のです。

infinitive verb はまだ**現実世界に姿を表していない**、人称や時制の影響を受けていない動詞です。辞書の見出し語のような「コンセプトとしての動詞」であり、「『見る』と『聞く』では大違い」の『見る』『聞く』にあたるようなものです。

今井 なんだかその『見る』『聞く』って名詞みたいですね。動詞だけど動いていないっていう感じがします。

遠藤 そうですね。だから to の表す到達点（箱）に入ることができるわけです。to 不定詞という名称がわかりにくかったら、「to + 動詞の原形」と考えるとわかりやすいと思います。

今井 むかしネイティブに this や that は日本語の「これ」や「あれ」と同じ感覚なのかって質問したことがあるんですが、「そうだ」という返事でした。that は距離感があって手が届かないみたいな感覚らしいです。だから「これから話そうとするものに対して that で指さす」というのは、なるほどと納得しました。

遠藤　this は手元にあるという感じですね。that は時間的にも空間的にも離れている感覚です。近い遠いは主観的なものですが、**「いま」「ここ」以外が** that だと思うとよいでしょう。

第2節　先にモノを宣言、すぐ後で内容を説明

さきほどは「先に何かの状態を宣言する」パターンについて学んできました。ここでは「先にモノを宣言する」パターンについて説明します。

whoのはたらき（関係代名詞）

> Mamoru　On Sunday, I went to several car dealers. <u>I didn't care for the guy's attitude who showed me the Japanese model I liked</u>. He was arrogant, as if he had no interest in selling the car to me. In comparison, the Mercedes salesperson was pleasant and explained things politely. He was a good guy.
>
> 　　　　From「A Heartwarming Family」Story.5『Talking about hobbies』

I didn't care for the guy's attitude who showed me the car*.

*the Japanese model I liked を the car に置き換えています

　まず例文にある who と for について解説をしておきましょう。
　who はここまで出てきたものとは少し違う単語で、基本イメージは「**人を入れるためのブラックボックス**」です。このボックスに入るのは1人に限りません。人であれば何人でも入れられるボックスです。

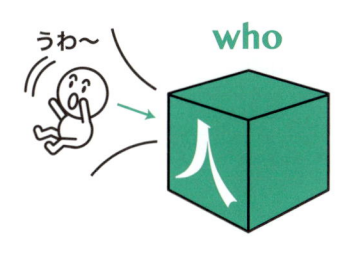

次に for の基本イメージは「**両腕を広げたときに腕と腕がつくりだす領域とその方向**」で、図にすると「扇形」のイメージになります。to が到達点（ピンポイント）を表していたのに対して、for はその範囲内といったように幅をもたせて使うことができます。

例文では who が the guy を引き寄せて、そのブラックボックスに入れています。イメージで表すと次のようになります。

I didn't care for the guy's attitude who showed me the car.

ここでも体を使ってイメージを深めていきましょう。

1．I と言って、自分の胸に手をあてます。
2．didn't care と言って、手を前方へ向けていきます。
3．**for と言って、その方向に両腕を広げます。**
4．the guy's attitude と言って、その範囲内に想像上の「その男」の態度を出現させます。
5．**すぐに who と言って、手を「その男」に向けて焦点を合わせ直します。**

6．showed と言って、手をその男から別の方向（この場合、自分の方向）に向けます。
7．me と言って、自分の胸に手をあてます。
8．the car と言って、手を胸の前で上にして、そこに車を出現させます。

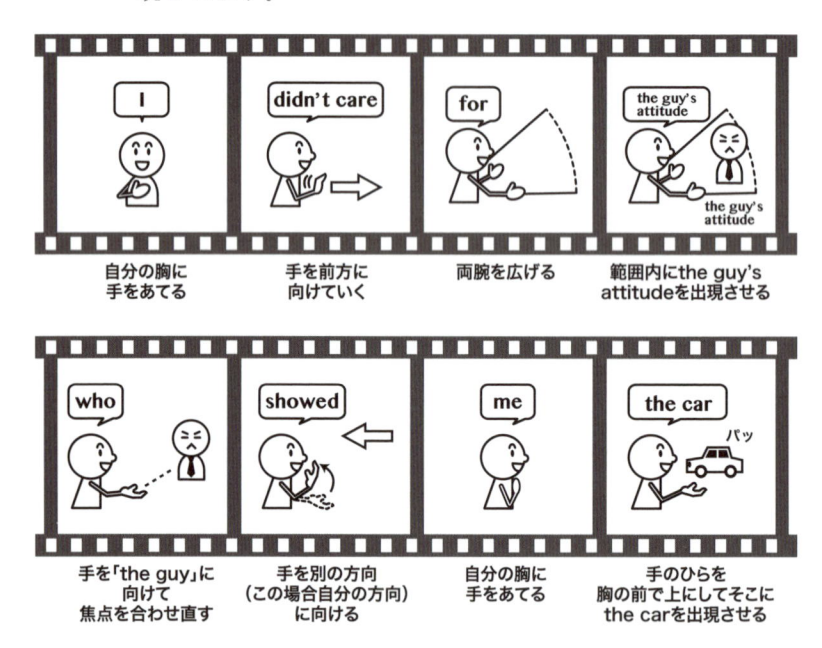

I	didn't care	for	the guy's attitude
自分の胸に手をあてる	手を前方に向けていく	両腕を広げる	範囲内にthe guy's attitudeを出現させる
who	showed	me	the car
手を「the guy」に向けて焦点を合わせ直す	手を別の方向（この場合自分の方向）に向ける	自分の胸に手をあてる	手のひらを胸の前で上にしてそこにthe carを出現させる

　ステップ5で「すぐに who と言って」と述べていますが、この理由を話し手の気持ちになって考えてみましょう。

　ステップ4までで話し手は「その男の態度が気に入らなかった」と述べています。しかし、これだけでは「その男って誰？」と聞かれるのは目に見えています。だから、すぐに説明を加えないといけないと考えて、the guy を引き寄せる who を使うわけです。このように**「そのままでは情報が足りていない」という話し手の気持ちによって who が使われる**わけです。

　このような who の「引き寄せる力」が that の「遠くを指さす」と同じような働きをして文をつないでいるわけです。

なお、文法では例文のような who は関係代名詞と呼ばれます。しかし、ここでも重要なのは名称ではなく、who を使うときの話し手の気持ちです。段階的音読・暗唱で練習するときには I didn't care for the guy's attitude で止めてしまったときの不完全感をしっかりと味わって、who をつなげるようにしてください。

日本語訳

守　　日曜日にショールームを見に行ったんだけど、気に入ってる日本車の営業の奴は、なんだか上から目線で売る気がないっていうか、感じが悪かったんだ。それに比べてベンツの営業マンは腰が低いし、説明も丁寧にしてくれて感じが良かったんだよ。

「ほのぼの家族」Story.5『趣味の話』より

Coffee Break

今井 who は例文のような関係代名詞として以外にも Who are you? みたいに使われますよね。その場合とは何か違うんですか？

遠藤 who 自体には違いがありません。つまり「人を入れるためのブラックボックス」という基本イメージで捉えて大丈夫です。違うのは who の周りにある状況です。

　例文では話し手は急いで who を述べる必要がありましたが、Who are you? では話し手に焦る気持ちはありません。しかし、ブラックボックス自体がもっている引力は同じなので、それが**聞き手から答えを引き出す働き**をします。

今井 なるほど。あと、例文で急いで述べないといけない気持ちが話し手にあるというのは面白いなと思いました。

遠藤 この「急いで述べる」とか「ちょっと間を置いてから述べる」というのは呼吸とつながっています。そしてその**呼吸は話し言葉における文法のようなもの**なのです。呼吸の置き方が変われば言いたいことも変わってしまいます。

　例えば、アメリカの小学校ではそれを学ぶために次のような例文が取り上げられるそうです。

　(a) Let's eat, grandma!
　(b) Let's eat grandma!

　意味の違いがわかりますか？　(a)は「さあ、食べよう！おばあちゃん」で、(b) は「さあ、おばあちゃんを食べよう！」です。

　文字ではわかりにくくても話し言葉ではちゃんと区別されます。(a)はカンマのところでひと呼吸置きますし、(b) はそのまま続けて読んでしまいます。それでここまで大きく意味が変わってしまうのですから面白いものですね。

今井 日本語でも区切り方によって意味が変わるパターンがあったと思いますけれど、これほど極端ではなかったような気がしますね（笑）

遠藤 英会話では呼吸はとても大切な要素です。このような呼吸の置き方（カンマのあるなし）によって意味が変わる例を他にも挙げておきま

しょう。

(c) She has two sons, who live in Hawaii.
「彼女には2人の息子がいる。そうそう、彼らはハワイに住んでいるんだけどね」

(d) She has two sons who live in Hawaii.
「彼女にはハワイに住んでいる2人の息子がいる」

(c) の場合、話し手が伝えたいことは「彼女には2人の息子がいる（＝**息子は2人しかいない**）」です。本来はそれで話は終わりなのですが「そうそう、ついでに言っておくと」という感じで , who live in Hawaii. という情報が追加されています。ひと呼吸置く（カンマがある）ことは、話し手の「そうそう」といった思いに対応しています。

(d) の場合、話し手が伝えたいことは「**ハワイに住んでいる2人の息子がいる**」で、ハワイに住んでいることは欠かせない情報です。例えばハワイが話題になっている状況で出てきたセリフと考えるとわかりやすいでしょう。このような場合はひとくくりで表現しなければいけないので、who の前でひと呼吸置くわけにはいきません。そのため、two sons のあとは急いで who live in Hawaii. と述べることになります。また、彼女にはその2人以外にも息子がいる可能性があります。

　文法では (c) のようなカンマをつける用法を「関係代名詞の非制限用法」と呼び、(d) のようなカンマをつけない用法を「関係代名詞の制限用法」と呼びます。しかし、ここでも大切なことは**話し手が何を伝えたいか**であって、文脈がない単文の解釈には限界があるのです。

第3節　先にモノを述べて、すぐ後で状態を説明

ここでは「先にモノを述べて、すぐ後で状態を説明する」パターンについて説明します。

前置詞のはたらき

Noriko	(Calling upstairs) Shinichi, your snacks are ready. Come downstairs.
N	<u>There are many different cakes in the box.</u>
Noriko	Taro, which one would you like to have?
Taro	I'd like the chocolate cake.
Mami	Oh, I wanted the chocolate cake.
Taro	Then I'll choose a different one. Go ahead and take it, Mami.

From「A Heartwarming Family」Story.3『Going to a friend's house』

There are many different cakes in the box.

まず例文の there と in について解説しておきましょう。

there の基本イメージは「そのあたりに（存在している）」です。**そのあたり（場）にもやもや（何か）が存在している**状態を表しています。

そのあたりに（存在している）

次にin the box のinの基本イメージは「〜の中に（ある）」であり、こちらも「存在」のニュアンスが含まれる単語です。何かの内部にある状態を表しています。

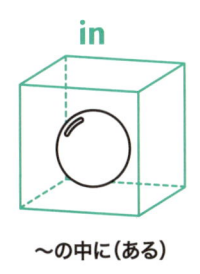

in

〜の中に（ある）

日本語訳ではin に動きがあるようなニュアンスは感じられませんが、英文では**in が矢印として働きます**。イメージで表すと次のようになります。

There are many different cakes in the box.

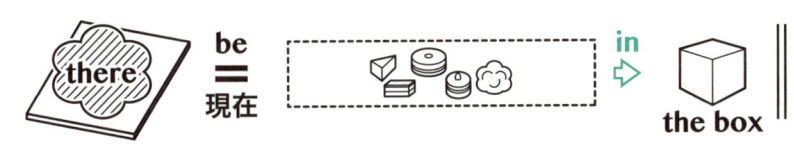

ここでも体を使ってイメージを深めましょう。

1. There are と言って、話題にしたいモノが存在するあたりに手を向けてそのままにしておきます。
2. many different cakes と言って、話題にしたいモノと多くの異なるケーキを結びつけます。
3. **in と言って、そのケーキの周辺を包みこむように手を動かします。**
4. the box と言って、その周囲を包み込んだモノを「箱」とします。

第6章 結論と説明のつなぎ方

there are	many different cakes	in	the box
話題にしたいモノが あるあたりに手を向けて そのままにしておく	話題にしたいモノと many different cakes を結びつける	ケーキの周辺を 包みこむように 手を動かす	包みこんだモノを 「箱」とする

　このように実際の会話で in は、to や for と同じように動きのある単語になります。だから矢印で表現されているのです。

　学校では many different cakes in the box を「in the box が後ろから many different cakes を修飾する」と説明します。このような説明は先ほどの形式主語と同じくきれいに訳すための方法です。

　ネイティブは返り読みをしません。in や for などの前置詞は動詞と同じで、左から右への動きを表す矢印です。後ろから前に戻すようなものではないのです。そのように認識すると文章の構成がどうなっているのか理解しやすくなると思います。

日本語訳

典子	（1階から2階に向かって）信一、おやつよ。おりてらっしゃい。
N	箱の中に色んな種類のケーキが入っています。
典子	太郎君、どれがいい？
太郎	僕、チョコレートケーキ。
真美	えー。私もチョコレートケーキがよかった。
太郎	じゃあ、僕は違うのにするから、真美ちゃん食べなよ。

「ほのぼの家族」Story.3『友達の家に遊びに行く』より

☕ Coffee Break

今井 many different cakes in the box の訳は「箱の中の色々なケーキ」で、「箱の中の」から始まりますね。だから英語で話すときに many different cakes から言葉が出てきにくいのだと思います。いまでは慣れたのでかなり英語の語順で言えるようになっていますが、これって慣れるしかないんでしょうか？

遠藤 日本語と英語で語順が違っているというのは本当に悩ましい問題ですよね。そもそも日本語で話すときにモノをどういう順番で見ていくか、意識したことはないと思います。それくらい身にしみついているモノの見方なので、英語を話そうとするといつもつっかえてしまうんだと思います。

慣れるしかないといえばそのとおりなのですが、「中心から周辺へ波紋が広がるように進む」という英語の流れを意識していれば慣れるのも早いと思いますよ。

またこの例文の最初は there ですが、there は「話題にしたいモノがあるあたり」を表すので、**there と言った時点でネイティブは there の中心にケーキを見ているわけです。**ケーキの箱はその後にイメージされます。このようにネイティブが描いているイメージから理解することが大切です。なぜこのような言い方がネイティブにとって自然なのかということを納得しながら慣れていってほしいと思います。

第7章
時制
その1 現在形

　第7章と第8章では時制について説明します。時制には現在形と過去形があります。文法では未来形と現在完了形も「時制」として扱っていますが、それについても説明していきます。

第1節　「present」の意味

　現在形の「現在」は英語では present です。これは誕生日プレゼントの present と同じ綴りです。この2つが同じなのはなぜなのか。その理由を解き明かしながら present という英単語がどういうニュアンスをもっているのか説明したいと思います。

　present は「pre-」と「-esent」に分けられます。「pre-」は「目の前」で、「-esent」は「存在する状態」を表します。ここから present の基本イメージは「**目の前に存在する状態**」となります。

　さきほどの「プレゼント」は「目の前に（差し出して）存在させたモノ」、「現在」は「目の前に存在している状況」なので、それぞれ present で表すことができるのです。また語形は少し変化しますが、「提示すること」という意味の presentation（プレゼンテーション）も「目の前に（差し出して）存在させること」であり、基本イメージから派生していることがわかります。

　一見するとお互いに関係がなさそうなこれらの意味ですが、すべ

て「目の前に存在する状態」から広がっています。present form（現在形）にも当然このニュアンスが含まれています。ネイティブは何か言い表したいものが「目の前に存在する」と思ったときに現在形を使うのです。

第2節　現在の静的な状態を表す

それでは現在形について例文を挙げて説明をしていきましょう。

現在の状態を表す

> N　　　　Keiko is folding the laundry in the living room. Taro is reading manga next to her.
> Hanako　Wah, wah.
> Keiko　　Taro, can you go check on Hanako?
> Taro　　What? I'm busy right now.
> Keiko　　(Sarcastically) You could study instead.
> Taro　　(Stands up quickly) OK, Hanako. Do you want me to change your diaper?
>
> From「A Heartwarming Family」Story.4『Talking on the phone with a friend』

I'm busy right now.

am は be 動詞なのでイコールを表しています。イメージで表すと次のようになります。

I'm busy ...

be = busy
現在

am の時制が現在形なので、話し手は目の前に「忙しい状態」が存在しているという感覚で話しています。このように目の前(いま)の状態を述べるときに現在形は使われています。

目の前に存在する

現在行っている動作の表し方

Taro is reading manga next to her.

　例文をイメージで表すと「Taro = reading」となります。is の時制が現在形なので、目の前に「マンガを読んでいる状態」が存在しているという感覚です。

目の前に存在する

　「まさに読む行為をしている」という動きを表すニュアンスは現在分詞（ing）にあり、「いまその状態だ」という動きがない状態を表すニュアンスは現在形（am）にあります。つまり、英語の現在形は基本的に「動きがない状態（＝静的な状態）」を表現する形式であり、現在行っている行為は、現在形に現在分詞を加えることで表すのです。

現在行っている行為の表し方

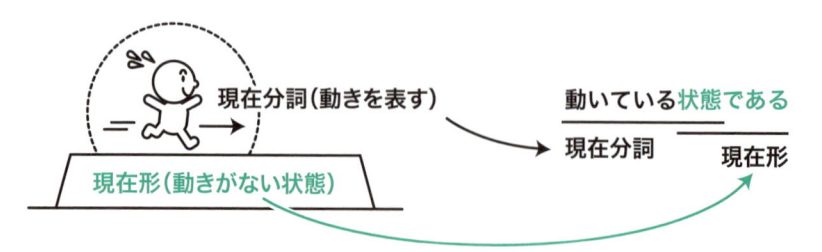

この「現在形＋現在分詞」を現在進行形としてセットで理解してしまうと、現在形が動きがない状態を表していることに気づかなくなってしまいます。そのため、最初はわけて理解するようにしましょう。

日本語訳

N　　　恵子がリビングで洗濯物をたたんでいます。その横で太郎は漫画を読んでいます。

花子　　オギャー、オギャー。

恵子　　太郎、ちょっと花子見て来てくれない？

太郎　　えーっ！　今、忙しいんだよ。

恵子　　（嫌みっぽく）別に勉強してくれてもいいのよ。

太郎　　（すばやく立ち上がり）さあ、花子〜。お兄ちゃんがオムツ替えてあげるからな。

「ほのぼの家族」Story.4『電話で人と話す』より

現在の習慣を表す

N　　　　Naomi holds her breath as she opens the refrigerator door. She takes out a container of yogurt and opens the top. Her face looks disgusted.

Naomi　　(Disgusted) What is this smell? This yogurt is spoiled. The expiration date was three months ago!

Yamato (Surprised) I pretty much only use the refrigerator for drinks so I didn't notice that.

Naomi <u>What do you do for food?</u> I imagine you buy everything at the convenience store.

Yamato I usually eat at the cafeteria at college.

From「A Summer in Kyoto」Story.7『Mother comes to Kyoto』

What do you do for food?

　what は who に似た単語で、基本イメージは「モノやコトを入れるためのブラックボックス」です。who と同じようにモノやコトを引き寄せる力をもっています。

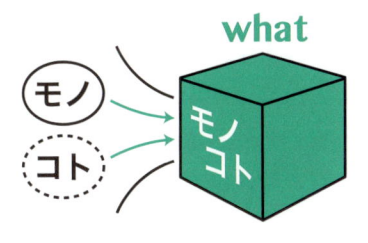

　例文の what は聞き手からモノやコトを引き出す働きをしています。what に続く do が時制を表しており、ここから現在形であることがわかります。そして you do for food は「あなたが食べ物のために行うこと」となります。これらをイメージで表すと次のようになります。

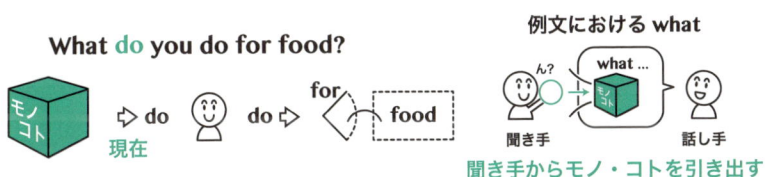

　文法では what に続く do を助動詞といい、you に続く do を動詞の原形と呼んでいます。しかし、いったん簡略化のために what do you do というペアが動詞部分であり現在形を表していると捉えてください。（助動詞の役割については第9章で解説します）

　この英文を直訳すると「食べ物のために何をしますか？」となりますが、さてこの英文は相手に何を聞いているのでしょうか？
　少し考えてみてください。
　直訳を見ながら考えても正解はでてきませんね。実はこの英文は「いつも食事はどうしているの？」ということを聞いています。なぜこの表現でそのような意味になるのでしょうか。

　Taro is reading manga next to her. の例文で述べたようにbe動詞の現在形は動きがない（静的な）状態を表しています。これは一般動詞においても同じで、現在形のdoは「変化のない常に成り立っているような行為」を表します。ここから「いつも〜する」というニュアンスが出てきます。つまり、**現在形は習慣化されていることを述べるのに適したスタイル**なのです。
　What do you do for food? はシンプルな現在形が使われているため、相手に食事に対する習慣を聞いていることになるのです。

目の前に存在する

※ 🙂 と 🍽 (食べ物のために行うこと) は少し離れている
　いまの動作としてくっつけるにはbe動詞（イコール）をつかう

　ちなみにWhat do you do for fun? は「楽しみのために何をしますか？」で、やはり趣味や息抜きに何をしているかという習慣をたずねています。「present」は「目の前にある（存在している）」、

つまり「当分はそのままの状態でいそうだ」という感覚が含まれています。必ずしもピンポイントで「いま、この瞬間」を表すだけではないのです。

現在形を使って「習慣」の他に「真理」や「法則」を表すことができるのも同じ発想からです。「目の前に存在する」「当分そのままの状態でいそうだ」という感覚があるから、真理や法則を述べるときに使って違和感がないのです。

日本語訳

N　　直美、冷蔵庫のドアをおそるおそる開けます。目に付いたヨーグルトの容器を手に取り、蓋を開けたとたん、顔が引きつります。

直美　（嫌そうに）ちょっと、何このにおい？　このヨーグルト、腐ってるじゃない！　賞味期限、3ヶ月前よ！

大和　（驚いて）冷蔵庫、ほとんど飲み物にしか使わないから、気づかなかった！

直美　ご飯はいつもどうしてるの？　どうせコンビニばかりなんでしょ？

大和　いつもは、学校の食堂で食べてるよ。

「京の都で過ごす夏」Story.7『母が京都にやってきた』より

☕ Coffee Break

今井 present は当分先まで成り立つような日常的な習慣も含まれるということですね。これはまだ僕のなかには定着していない考え方だと思います。「What do you do for food?」を「いつも食事はどうしているの?」と解釈する感覚はなかなか出てきません。僕の場合は「食事をどうする?」になっていました。

言われてみると「What do you like?」もそうですね。いまこの瞬間に好きなことを聞いているのではなくて当面は成り立ちそうな好きなことを聞いているわけですね。

遠藤 そうですね。英語の現在形は「静的な状態」を表します。現在行っている行為（動的な状態）を表したいときは現在分詞を使って追加的に表すわけです。

例えば、今井くんが「いま東京大学に向かっています」と言いたいときに「I go to the University of Tokyo.」と言うのはおかしいわけです。それを聞いたネイティブは「私は東京大学に在籍しています」だと受け取ります。**シンプルに go という現在形で言うことによって、「習慣的な事実」というニュアンスがまず前面に出てくる**のです。

今井 like のような状態を表す動詞は現在形で使ってもニュアンスは変わらないけれど、go のような動作を表す動詞を現在形で使うとニュアンスが変わってしまうんですね。

遠藤 そうそう。だから、「いま東京大学に向かっている」と言いたいのであれば「I'm going to the University of Tokyo.」にしないといけないわけです。動作を表す動詞を普通の現在形のかたちで使ってしまうと、習慣や真理といった常に成り立っている状態を想定してしまうのです。

今井 話はわかるんですけど、やっぱり自分の中で日本語の「現在（いま）」がじゃましているんですよね。いまこの話を聞いた後でも、「What do you do?」で「いま（これから）何をしますか?」と解釈してしまいそうな気がします。

もちろん普通の会話なら、前後の文脈から「いつも何をしていますか?」と聞いてきていることがわかるので、そんなに問題はないのですが。

遠藤　現在形のニュアンスは実践で慣れていくのが普通だと思います。ただ、いまお話ししたようなことを知っておけば「ああそうだった、また出てきたな」と察しがつきやすくなります。実践で触れるだけより身につきやすくなると思いますよ。

　また、こういう部分は英語を読んだときに違和感が出るところであり、大体において日本語と英語のあいだに誤差が発生しています。丸暗記するのも1つの手ではありますが、むしろそこにこそ英語をつかまえるチャンスがあると思って積極的に探求していってください。

第3節　未来を表す表現

1 will

英語に未来形はない

　それでは「未来を表す表現」について学んでいきましょう。本書では英語に未来形という時制はないという立場をとっているので、「未来形」ではなく「未来を表す表現」という言い方をします。まずは**英語に未来形という時制はない**ことについて説明します。

　実は**日本語にも未来形はありません**。例えば、「明日高橋先生と会います」というのは未来のことを言っていますが、これが未来のことだとわかるのは「明日」というキーワードが入っているからです。明日を取り除いて「高橋先生と会います」としたら、これは予定なのか宣言しているのかよくわからなくなってしまいます。

　このように日本語にも未来形というものはありません。だから英語に未来形がなくても別におかしな話ではないのです。そして英語も日本語と同じように「現在形」と「未来を表すキーワード」で未来のことを表現しています。

　では「will」は何なんだ？　という疑問が浮かぶと思います。文法で will は未来形だと習うからです。その will について話を進めていこうと思います。

確信度の高い思い（予測）

He will be there now.

　さて、この例文はどういうことを言っているのでしょう。will があるのだから未来のことでしょうか。しかし now という、はっきり「いま」を示す言葉もこの文章にはあります。そのため will を

未来形と考えてしまうと、この英文の意味は迷宮入りになってしまいます。

結論から述べると will は未来形ではなく現在形です。そして **will の基本イメージは話し手の「確信度の高い思い」**です。「きっとそうであろう」といった「思い」を述べるときに使われる単語なのです。

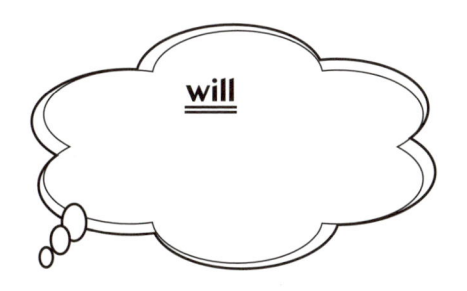

例文では will と述べられることで話し手の思いがモクモクと立ちのぼり、そのなかの話であることが明示されています。イメージで表すと次のようになります。

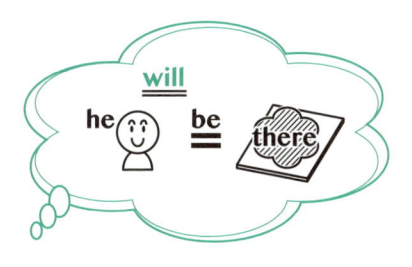

英文の意味は「彼はきっと今そこにいるだろう」になります。この「きっと〜だろう」は、will が確信度の高い思いを表しているからこそ出てくるニュアンスです。

「確信度の高い思い」を表しているということは、**「確定している事実ではない」**ということも暗に含みます。つまり、この英文は「絶対とはいえないけれど、私の中では相当高い確信度で『彼はそこにいる』と思っている」ということを述べているのです。

その意味で will は話し手の「予測」を表しているともいえます。そのため will は何が起こるのか決まっていない未来のことを表現

するときに、とても使いやすい単語なのです。

　この英文では時を表すキーワードとしてnowがあるので「彼はきっと今そこにいるだろう」となりますが、これがtomorrowなら「彼はきっと明日そこにいるだろう」となります。つまり、時を表すキーワードによって「いま」のことなのか「未来」のことなのかを表しわけているのです。もちろん、時を表すキーワードがなくても、文脈から想像できることもあります。大切なのは **will は未来を表す言葉ではない** ということです。

　さて、willが話し手の「確信度の高い思い」を表しているということを理解したうえで、もう少しwillの実践的な使い方を学びましょう。

Taro	Mom, how tall are you?
Keiko	160 centimeters.
Taro	No problem. I'll catch up with you in no time. I'm 150 centimeters now.
Keiko	I hope you'll grow taller than me.
Taro	(Jokingly) <u>It will be hard for me to reach your weight though.</u>
Keiko	Don't be rude. I'll go on a diet when I finish breast feeding. Save your breath. Get back to making curry.

From「A Heartwarming Family」Story.6『Practice run at making curry』

It will be hard for me to reach your weight though.

　この例文でもwillによって話し手の思いがモクモクと立ちのぼり、そのなかの話であることが明示されます。これをイメージで表すと次のようになります。

It will be hard ...

it ⇨ will = hard

（吹き出し内）will it = be hard

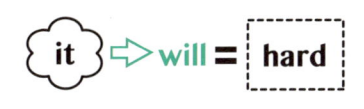

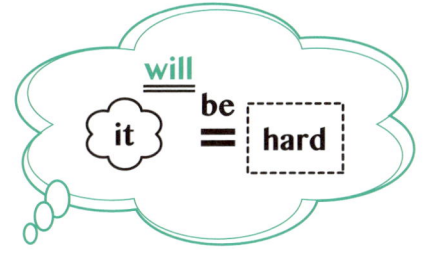

　さて、この英文がどのようなニュアンスを表しているか想像してみてください。

　will は話し手の思いを表すので状況によって will のニュアンスが違ってきます。 そのため話の流れをつかむことが重要になります。この例文が使われている文脈では、それまで身長の話をしていたところに太郎がからかうように体重の話をふって、「きっと体重が追いつくことは難しいだろうけれどもね」と述べているわけです。

　単純な「予測」とはいいにくい will の使い方ですが、will の基本イメージからはしっくりくる用法ではないでしょうか。日常会話ではこのように will が使われることをおさえておいてください。

日本語訳

太郎　お母さん、身長何センチ？
恵子　160 センチよ。
太郎　なーんだ。それなら、すぐ追い越すよ。俺、今、150 センチだもん。
恵子　お母さんより大きくなってくれなきゃ困るわよ。
太郎　（冷やかすように）体重はなかなか追いつけないけどね〜。
恵子　失礼なこと言わないでよ。お母さんだって授乳が終わったら、ダイエットするんだからね。余計なこと言ってないで、早くカレー作ってよ。

「ほのぼの家族」Story.6『カレー作り予行演習』より

確信度の高い思い(意志)

> Keiko　Be back in twenty minutes, got it?
> Taro　　(Reluctantly) Got it, but I'm keeping the change.
> Keiko　That's fine.
> Taro　　All right, I'll be back in a bit.
>
> 　　　　　　　　From「A Heartwarming Family」Story.1『Errands』

I'll be back (in a bit).

　この will も確信度の高い思いを表しています。ここで学校でよくやったような「will は『きっと…だろう』だから I'll be back は『私はきっと戻ってくるだろう』かな」と日本語訳を当てはめておしまいにしてはいけません。

　日本語訳を当てはめることは楽ですが、それでは will のもっているニュアンスが抜けてしまいます。まずは will をそのまま受け取るように努力してください。

　ここでも話し手の確信度の高い思いがモクモクと立ちのぼり、そのなかで「I = back」であることが述べられています。イメージで表すと次のようになります。

　これをどう解釈するかは文脈次第ですが、自分がそうしようと思っているのであれば「予測」ではなく「意志」を表していることになります。その場合は「きっと戻ってくるよ」という訳になります。

しかし、先ほど述べたように「意志」を表す場合は「きっと…する」という日本語訳を当てはめて一件落着、とはしないようにしてください。will の基本イメージは話し手の「確信度の高い思い」というだけなので予測と意志を両方含んでいるときもあります。そのような場合、どちらか片方の日本語訳をつけてしまうことで本来のニュアンスからズレてしまうことがあります。

　また「確信度の高さ」に対応する日本語訳として「きっと」を自動的に入れてしまうと「意志」のニュアンスが強調され過ぎることがあります。そういうことを避けるためにも will は will のまま受けとめて、あとは実践のなかでどのように使われるのかを学んでいってください。

日本語訳

恵子　　20分以内に帰って来てよ。わかった？
太郎　　（しぶしぶ）わかったよ。その代わりおつりもらうからね。
恵子　　いいわよ。
太郎　　じゃあ、行ってきます。

「ほのぼの家族」Story.1『おつかい』より

第7章　時制　その1　現在形

Coffee Break

今井 「will が未来形ではない」というのは衝撃的でした。学校で will は未来形だと習ったので、それを否定されると受け入れがたいというか、さすがに反対したい気持ちになりましたね。

遠藤 そうですね。will を未来形ということにすれば未来のことは全部 will にまかせておけばよいので、とても楽になります。しかし、本文でみてきたように will は now と組み合わさることもあるし、tomorrow と組み合わさることもあります。少なくとも絶対に未来のことを表すというわけではない。まずはこれを知っておいてもらいたいと思います。

今井 「明日高橋先生と会います」のように日本語にも未来形がないのだから、英語に未来形がなくてもおかしくない、というのは納得です。「tomorrow」のような未来を表すキーワードを入れることで初めて未来の話にするわけですね。

遠藤 will が未来のことを話すときに使われやすいのは、will が「事実」ではなくて「思い」を表しているからなんです。だから未来のキーワードとは相性が良くて、結果として未来のことを表しやすいんです。

will が未来を表す言葉でないことは、未来のことでも「事実」だとわかっていることに will を使うとおかしくなることからもわかります。例えば「明日は日曜日です」と言うときに、未来のことだからといって It will be Sunday tomorrow. としてしまうと「まず間違いなく明日は日曜日ですよ」みたいに当たり前のことを妙に力んで言っている感じになります。

この場合は It's Sunday tomorrow. と will ではなく be 動詞の現在形を使うのが普通です。また He will be there now. も彼がいまそこにいるかどうかわかっていたら will は使えないわけです。

2 be going to do

It is going to rain tomorrow.

　この it は漠然とした状況を表しています。is はイコールで現在形なので何かが目の前に存在しているという感覚で話しています。次の going は現在分詞で「進行・現実感」というニュアンスを go（行く・進む）に与えています。そして to は「到達点を含む矢印」を表しており、その到達点は rain（雨が降る）となります。これらをイメージで表すと次のようになります。

　例文の直訳は「明日雨が降ることに向かって状況が進行しているところだ」となります。つまり、何らかの明確な理由（例えば台風が近づいている、西のほうから前線が近づいているなど）によって明日雨が降るだろう、いまはその過程にいる。そういったことを感じさせる表現なのです。

　学校では be going to は will と置き換えができると習います。しかし、実際には **will と be going to はニュアンスが違います**。will は話し手の「思い」でしたが、be going to は何かが進行している「事実」に基づいているのです。
　そのため安易に置き換えることはできません。事実として何かが進行しているのか、それとも話し手の思いにすぎないのかはたいへんな違いです。

It is going to rain tomorrow. と It will rain tomorrow. は日本語訳するとそれほど変わりませんが、ニュアンスはかなり違います。例えば、前者はテレビで気象予報士が天気図を見ながら言うセリフで、後者は近所のおじさんが空を見上げながら言うセリフという感じになります。

It will rain tomorrow.

it ⇨ will rain ⇨

will
it rain ⇨

どちらもある判断を述べる言葉ですが、ネイティブがこの2つを聞くと、その判断の基準となった前提にかなりのレベル差があることを感じとります。しかし日本語訳をゴールにしてしまうと、この違いがわからなくなります。ここでも英文そのままのニュアンスで捉えるようにすることが大切なのです。

3 be doing

N	<u>Taro is going camping tomorrow.</u> Keiko goes to Taro's room.
Keiko	Taro, did you pack your bag for tomorrow?
Taro	I'm doing it right now.
	From「A Heartwarming Family」Story.7『Camping Tomorrow』

Taro is going camping tomorrow.

　Taro is going は現在形＋現在分詞（進行・現実感）が組み合わ

さった形であり「Taro = going」という状況を表しています。イメージで表すと次のようになります。

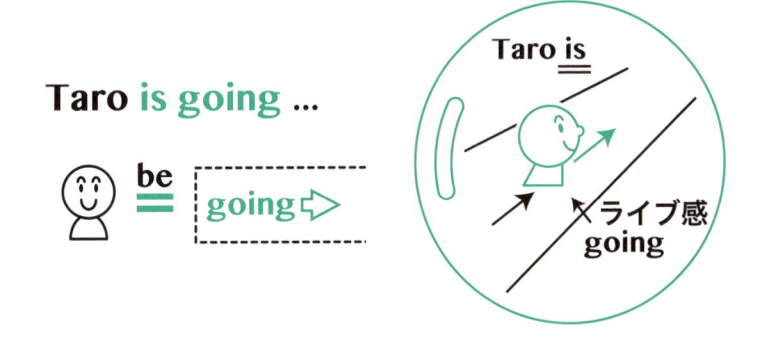

Taro is going camping だけだと「太郎はキャンプに行っているところです」ですが、それに tomorrow（明日）を加えると未来のことを表現していることになります。このように「現在形＋現在分詞」の組み合わせで未来を表すことができますが、ネイティブはこの例文をどういう気持ちで述べているのでしょう。

　Taro is going camping はまさにいまキャンプ場に向かって移動しているような状況です。つまり進行や現実感が込められています。これに未来を表すキーワード tomorrow を加えることで、時間軸をずらしているわけです。このセリフを述べる人の頭の中にはすでに明日キャンプに行っている太郎が現実感をもって描かれています。**その様子が思い浮かべられるくらい確実な「予定」**なのです。
　ここからもわかるように英語もそんな複雑な構成になっているわけではなく、順番通りに理解すればいいだけです。現在形は「いまこの瞬間」を述べる形式だと思いがちですが、このように**状況が目の前に存在している（present している）と感じたときに使える表現**なのです。それが未来のことであろうが現時点のことであろうが構わないわけです。そういう距離感覚で英語の現在形を使ってもらえればと思います。

	日本語訳
N	明日からキャンプです。恵子が太郎の部屋に入ってきました。
恵子	太郎、明日の準備、出来てるの？
太郎	今、やってる。

「ほのぼの家族」Story.7『明日はキャンプ』より

4 will be doing

Taro	I've packed handkerchiefs and tissues, and <u>I'll be wearing my hat</u>. I'm all set! I can't wait.

From「A Heartwarming Family」Story.7『Camping Tomorrow』

I'll be wearing my hat.

例文のイメージは次のようになります。

I'll be wearing my hat.

☺ ⇨ will **be** = [wearing ⇨ my hat]

これを will のニュアンスが分かるようにイラストにすると次のようになります。

I will はもやもやとした雲として描かれています。**will は「思い」を表すので、それを使った文は主観的な表現になります**。この雲のようなものは文全体が主観的な表現であることを示しています。

　be wearing は話し手である太郎が帽子をかぶっている状況をありありと頭に描いており、それくらい確実なことであるというニュアンスが含まれています。つまり意志にかかわらずそういうことになっているということです。そのため客観的な表現になります。

　つまり、主観を表す will と客観を表す be 動詞＋現在分詞が組み合わさった「will ＋ be 動詞＋現在分詞」で、ちょうど中間のようなニュアンスになるわけです。主観的に「帽子をかぶる」という気持ちもあるし、客観的にも「実際に帽子をかぶっている」という状況でもある、そういったバランスの良い表現になっているわけです。

日本語訳

太郎　　ハンカチもティッシュも入れたし、帽子はかぶって行く。よーし準備完了！　楽しみだな。

「ほのぼの家族」Story.7『明日はキャンプ』より

Coffee Break

今井 It is going to rain tomorrow. はちゃんとした根拠があって言っているというのが面白いと思いました。It will rain tomorrow. だと本人が確実だと思っているだけということですね。

遠藤 It is going to rain tomorrow. は現在形で述べているので、「何かが進行していて（be going）、雨が降ることに向かっています（to rain）」と言えるような根拠がいるのです。だから、もうすでに何か出来事が始まっていないといけないんです。例えば天気予報だと台風がどんどん近づいているというような事実がないといけません。

そして、何かがいま進行していてその向かう先を to 不定詞で表現すると、その to 不定詞が表す内容は当然未来のことになります。だから未来のことを be going to do で表すというのはごく自然なことなのです。

この It is going to rain tomorrow. は日本語に訳しにくい文章でもあります。本来の英文のニュアンスは「漠然としたその場の状況が進行していて、その向かう先は明日雨が降ることです」なのですが、これでは日本語に訳したとは言えませんね。

これを自然な日本語にしようと思ったら「明日は（確実に）雨が降るでしょう」としか言いようがないわけです。つまり、日本語はつかみどころのないようなもの（it）を主語にもってくると不自然さが出てしまう言語だとも言えるのです。

しかし、このような**日本語訳は will と be going to の違いをあいまいにしてしまいます**。さらに学校では日本語訳さえできれば OK なので、どちらの文でも「明日は雨が降るだろう」で正解になります。これがよけいに英語そのもののニュアンスを気づきにくくさせていると思います。

第8章
時制
その2 現在形、過去形

　この章ではまず過去分詞を用いた現在完了形について説明します。本書では現在完了形という「時制」はないという立場をとっているので、現在形の一種として扱います。次に過去形について説明し、最後に英語における時制感覚を取り上げます。

第1節　現在形have+過去分詞 （現在完了形）

haveの配下に過去の行為も含まれる

Taeko	Here, have some shaved ice. It's nice and cool.
Yamato	(Happily) Thank you!
Tomo	Let's eat!
Taeko	If you eat it too fast, you'll get a headache.
Tomo	Oooh, my head.
Taeko	What did I tell you? By the way, Yamato, <u>I've heard that you live on your own.</u>
Yamato	Yes, doing the laundry and housework are more difficult than I imagined and if I am not careful, dirty clothes and garbage quickly pile up.

From「A Summer in Kyoto」Story.1『The hot summer』

I have* heard that you live on your own.

*I've を説明のため I have に置き換えています

例文にある have と heard について説明しましょう。

have の基本イメージは「もっている」で、**何かが主語の配下にある状態**を表します。この配下には「具体的なモノ」だけでなく「抽象的なコト」も入ってきます。保有しているモノ、経験したコトなどの物事が配下にある状態を表すのが have です。

主語
have
モノ
コト
もっている
配下にある

heard は動詞 hear の過去分詞です。第 5 章で述べたように過去分詞の基本イメージは「**過去の行為によってもたらされた完全な状態**」でした。つまり、過去分詞 heard は「過去の hear という行為によってもたらされた完全な状態」ということになります。

ed（過去分詞）

動詞
過去
ドシッ

過去の行為によって
もたらされた完全な状態

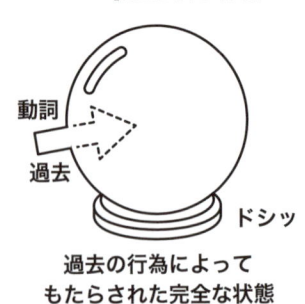

本文のイメージ図は次のようになりますが、主語 I は過去分詞

heard に含まれている「過去の行為（矢印）」をもっていることに注目して下さい。

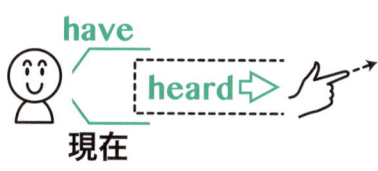

イメージ図のように「主語」が「過去分詞」を have していると述べるときは、**主語自身が過去の行為を行った**ことになります。ここが「have ＋過去分詞」を理解するときのポイントです。訳すと「私は、（私が）聞いたことをもっている」となります。

「have ＋過去分詞」を文法では現在完了形と呼びます。しかしセットで理解するのではなく、have と過去分詞がそれぞれもっている意味とイメージを捉えるようにしましょう。

日本語訳

妙子　　かき氷どうぞ。ひやこいわよ。
大和　　（嬉しそうに）ありがとうございます！
智一　　いただきまーす。
妙子　　ほんな慌てて食べると、頭、痛うなるわよ。
智一　　あいたたた、頭がキンキンする。
妙子　　もう、せやさかい言うたのに。せやせや、大和君は一人暮らししているんやってね。
大和　　はい。洗濯や掃除が、思っていたより大変で、油断をするとすぐに洗濯物やゴミが溜まってしまいます。

「京の都で過ごす夏」Story.1『京都の暑い夏』より

haveは日本語訳に出てきにくい

> Yamato　Hey, is there something wrong with my yukata? This is my first time to wear one.
> Kana　　(Seeming disappointed) Forget about your yukata. What about mine? <u>You haven't complimented me yet.</u>
> Tomo　　(Flippantly) You both look just fine.
> Kana　　You aren't even looking at me!
>
> From「A Summer in Kyoto」
Story.2『A night spent with the sounds of festival music』

You haven't complimented me yet.

　例文のイメージ図は次のようになります。過去分詞 complimented は「動詞 complimented（ほめた）によってもたらされた完全な状態」を表します。

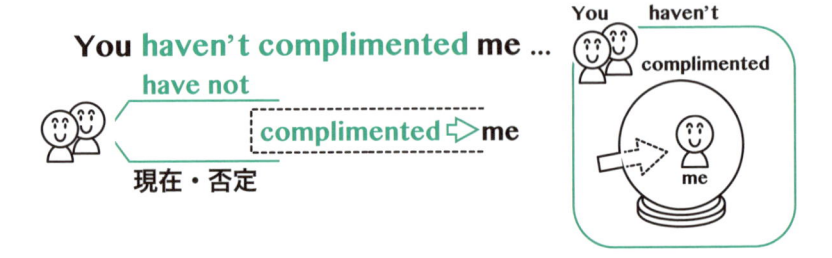

You haven't complimented me ...
have not
complimented ⇒ me
現在・否定

You haven't complimented

　例文では主語 You は過去分詞 complimented をもっていないことが述べられています。あなたたちは「（あなたたちが）私をちゃんとほめた状態」をもっていないわけです。
　これを訳すと「あなたたちはまだ私をほめていない」になります。このように日本語にすると、どうしても have のニュアンスがわかりにくくなってしまいます。ここでも have のイメージのまま英文を捉えることが大切なのです。

	日本語訳
大和	なあ、俺の浴衣変じゃないかな？ こういうの初めて着るんだけど。
加奈	（不満げに）ちょっと大和の浴衣より、私のはどうなの？ 全然ほめてもらってないけど？
智一	（適当に話を合わせて）２人ともよう似合ってるよ。
加奈	もっとちゃんと見てよね！

「京の都で過ごす夏」Story.2『お囃子の音色と過ごす夜』より

haveは現在形である

Taeko	(Thinking) You know, I run a ryotei restaurant. Why don't you have dinner here?
Naomi	But it's so sudden. Are you sure?
Taeko	<u>You've come all the way from Hokkaido</u>. At least have some traditional Kyoto food before you go back.
Naomi	Well, if it's really no trouble.
Taeko	This will give us a chance to talk.

From「A Summer in Kyoto」Story.7『Mother comes to Kyoto』

You've come all the way from Hokkaido.

　例文のイメージ図は次のようになります。過去分詞 come は「動詞 came（来た）によってもたらされた完全な状態」を表します。

You've come ...

主語 You は過去分詞 come をもっています。あなたは「(あなたが京都まで) 来た状態」をもっているわけです。

「have ＋過去分詞」を理解するうえで重要なことは、**have は現在形である**ということです。文法では現在完了形をひとつの「時制」として扱っているので、それが「present のことを述べている」という感覚をもっていない人が多いと思います。しかし have は現在形なので present に焦点が合っている表現なのです。

You've come... という妙子のセリフに対して、直美は「Well, if it's really no trouble.」と現在形で返しています。2人とも present に焦点を合わせた話をしているわけです。聞こえるとおりに You've (=You have) で現在のことだと捉える感覚が大切です。

この前の例文、I have heard that you live on your own. と You haven't complimented me yet. についても、文脈では現在の話をしていることを確認しておいて下さい。

日本語訳

妙子　（思いついて）そや、うちは、料亭やっとるんで、よかったら今晩食べていかれたらどないやろか？

直美　あら、よろしいんですか、急に？

妙子　せっかく遠く北海道からいらしたんやから、京都らしいもん食べていってくださいな。

直美　そうね、じゃあ、お言葉に甘えようかしら。

> 妙子　　ゆるりとお話しいたしましょ。
> 「京の都で過ごす夏」Story.7『母が京都にやってきた』より

beenはある期間ずっと何かと等しい状態を表す

> Naomi　(Frustrated) Yamato, what is this mess? You still can't seem to keep your room clean, can you?
> Yamato　I was planning on cleaning up later...
> Naomi　Look at these clothes you've worn, dumped on the floor. Nothing has changed from when you were in high school.
> Yamato　I know. I have been busy.
> From「A Summer in Kyoto」Story.7『Mother comes to Kyoto』

I have been busy.

　例文のイメージ図は次のようになります。過去分詞 been は「be動詞 was によってもたらされた完全な状態」を表しています。

I have been busy.
have
been = busy

I have been busy.
= busy

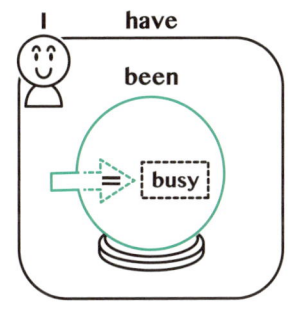

　この英文はイメージをみてもイマイチよくわからないと思います。そこで体を使ってイメージを深めてみましょう。
　1．Iと言って、自分の胸に手をあてます。
　2．haveと言って、前方に風呂敷を広げます。

3．been と言って、風呂敷の上で手を前方に向けていきます。その間ずっと何かに等しいと思いながら行います。
4．そのままマルッと手を回して固まりをつくります。
5．busy と言って、この固まりと busy を結びつけます。

自分の腕に手をあてる	前方に風呂敷を広げる	手を前方に向けていく（その間ずっと何かに等しいと思いながら）	そのままマルッと手を回し固まりをつくる（何かに等しい完全な状態をつくる）	固まりの中身を busy と結びつける

　been の基本イメージは「ある期間ずっと何かに等しい状態」となります。そして busy と述べることで、この状態と busy を結びつけて、ずっと忙しかった状態を表現します。

　have been busy はそのような「ずっと忙しかった状態」をいまもっているというニュアンスになります。こうして「いままでずっと忙しかった（いまも忙しい）」という意味になるわけです。

日本語訳

直美　（あきれて）ちょっと大和、何この、汚い部屋は？相変らず掃除をしないわね。

大和　後でしようと思ってたんだよ……。

直美　脱いだ服は脱ぎっぱなし。全然高校生のときと変わってないじゃない。

大和　わかってるよ。忙しかったんだよ。

「京の都で過ごす夏」Story.7『母が京都にやってきた』より

　いままで4つの例文をみてきましたが、文法ではこれらを現在完了形の4つの用法として扱っています。

I have heard that you live on your own.（経験）
You haven't complimented me yet.（完了）

You've come all the way from Hokkaido.（結果）
I have been busy.（継続）

　しかし、こういう分類は英会話ではあまり役に立つものではありません。「経験について話をしたいから現在完了形を使おう」というようには普通は考えないからです。実践の場で使いこなすためにも、have に過去分詞を加えるといった単語の流れそのままで理解していただきたいと思います。

☕ Coffee Break

今井 僕が中学生のときに現在完了形をどう理解していたかというと、典型的な「文法から英語を理解する」やり方でした。まず I have finished で have と過去分詞があるから完了形。次に I have finished my homework だから 4 用法のなかの「完了」で訳せばよい。したがって日本語訳は「宿題が終わったところだ」になる、という具合です。

　しかし、そういう文法って「写真」みたいなもので現実感がないんですよね。本来の英会話と比べたら「写真」と「現場」くらいの差があって、いろんな情報がかなり欠落しているという気がします。

遠藤 have や過去分詞 finished という単語が本来もっているニュアンスを無視することになりますね。過去分詞に関して学校では「be 動詞＋過去分詞」のときは「〜された」（受け身）という意味になり、「have＋過去分詞」のときは「〜し終えた」（完了）という意味になると習います。

　しかし、ネイティブにとって過去分詞は過去分詞でしかありません。「受け身」や「完了」といった意味をもたらしているのは be 動詞や have なのです。

The bookcase is filled ...　　I have heard that ...

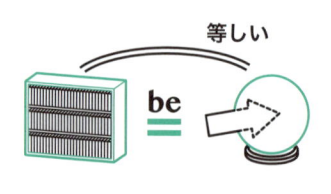

過去の行為は主語以外の
誰かが行ったことになる
（受け身）

過去の行為は主語自身が
行ったことになる
（完了）

第2節 【Advance】現在分詞と過去分詞の組み合わせ

1 過去分詞×現在分詞（現在完了進行形）

Taeko	This will give us a chance to talk.
Naomi	I would love that. <u>I have been worrying about how Yamato is getting along</u>. He won't tell me anything.
Taeko	Oh, Yamato, you have to let your mother know how you're doing. That's one way to show your gratitude to your parents, you know!
Yamato	Yes, okay…
Tomo	(Teasing) Yamato, my mother loves to talk so she will spill the beans on everything you've been up to. You should be prepared.
Yamato	(Annoyed) Give me a break.

From「A Summer in Kyoto」Story.7『Mother comes to Kyoto』

I have been worrying about how Yamato is getting along.

例文のイメージ図は次のようになります。

I have been worrying …

have
been = worrying ⇨

　この例文では過去分詞と現在分詞が組み合わさっているので、それをイメージで捉えてみましょう。

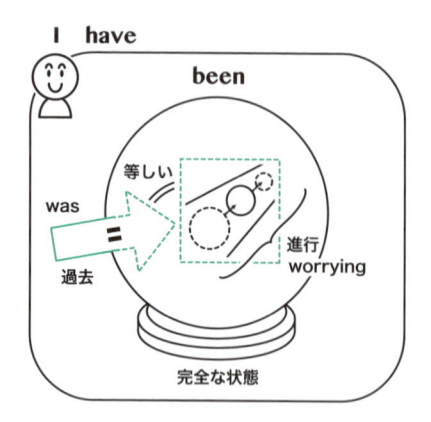

この文は I have been busy. の「busy」の部分が「worrying」になっただけです。ing は進行・現実感を表すので worrying は「心配をしている」というニュアンスになります。been は「ある期間ずっと何かに等しい状態」でした。

　それらを合わせた have been worrying は「ずっと心配をし続けた状態」をいまもっているというニュアンスになります。こうして「いままでずっと心配し続けてきた（いまも心配している）」という意味になるわけです。

日本語訳

妙子　　ゆるりとお話しいたしましょ。

直美　　そうね、大和が普段どうしてるか気になってるんですけど、何も話してくれないから、いろいろ聞かせてもらおうかしら。

妙子　　あら、大和くん、ちゃんとお話ししてあげなきゃあかんよ。そういうのも親孝行なんやから！

大和　　はい……。

智一　　（いじわるっぽく）大和、うちの母ちゃん、おしゃべりやから、大和が普段何してんのか、だいぶばらされるで。覚悟しときや。

大和　　（うんざりして）もう、勘弁してよ。

「京の都で過ごす夏」Story.7『母が京都にやってきた』より

2 現在分詞×過去分詞（進行受け身）

> Mike　The sushi restaurant was also a lot of fun. This is the first time I saw food being placed on a conveyor belt.
>
> Akiko　Well, it's certainly nice to be able to eat many different dishes.
>
> Mike　Yes. It was very surprising that <u>sushi, fried chicken, drinks as well as desserts were being served on a conveyor belt at the same time</u>. You can eat whatever you want, whenever you want it.
>
> From「Let's Introduce Your Town」
Story.5『The Japanese language is wonderful』

Sushi, fried chicken, drinks as well as desserts were being placed* on a conveyor belt at the same time.

＊served をイメージしやすい placed に置き換えています

　例文のイメージ図は次のようになります。

Sushi, ... , desserts were being placed ...

| Sushi, ... , desserts | be 過去 | being = placed ⇨ |

　この例文では現在分詞が先で過去分詞が後になっていますが、こちらもイメージで捉えてみましょう。

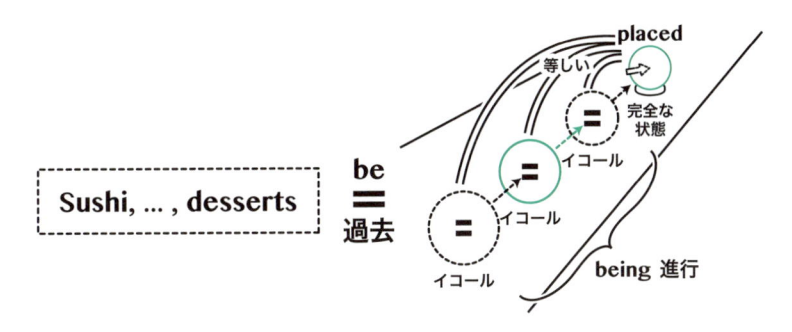

これだけでは十分イメージがわかないかもしれません。そこで体を使ってイメージを深めてみましょう。

1. Sushi, ..., desserts と言って、寿司やデザートに手を向けます。
2. were と言って、手をそのままにしておきます。
3. being と言って、手をブルブルふるわせます。手を1往復させるたびに何かに等しい状態がパッと現れているように思いながら行い続けます。
4. placed と言って、手を1回ふるわせるごとにマルッと手を回して固まりをつくります。

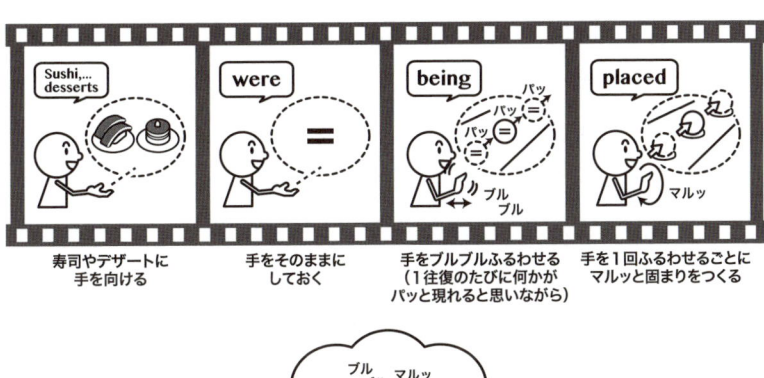

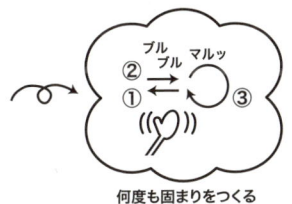

体を使って表現したように、being は進行しながら何度も何かに等しい状態になることを表します。そして、その状態が placed という「完全に置かれた状態」です。こうして**「次々と置かれていっている状態」**が表現されるわけです。

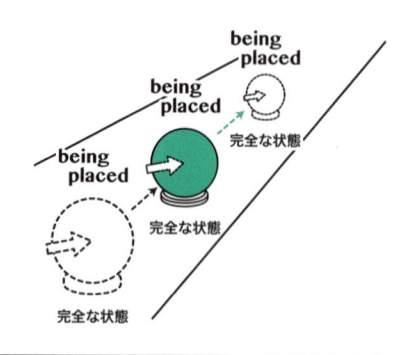

日本語訳

マイク　回転寿司も楽しかったです。食べ物がベルトコンベアーに乗って回っているのを、僕は初めて見ました。

明子　　そうね、いろいろ食べられて楽しいわよね。

マイク　はい、あんなふうにお寿司でもから揚げでも、飲み物でもデザートでも一緒に回っていて、何でもかんでもいっぺんに食べられるのには、びっくりしました。

「あなたの街を紹介しよう」Story.5『日本語はとてもかわいいですよ』より

第3節　過去形

1 pastの基本イメージ

過去形は英語で past form といいます。past が日本語の「過去」にあたります。past はもともと動詞 pass（すぐそばを通り過ぎる）の過去分詞 passed が変化したものです。過去分詞なので「（すぐそばを）**完全に通り過ぎ去った状態**」が past の意味になります。

ここから past の基本イメージは「**遠くに離れている**」になります。まずこのイメージを頭に入れておいてください。

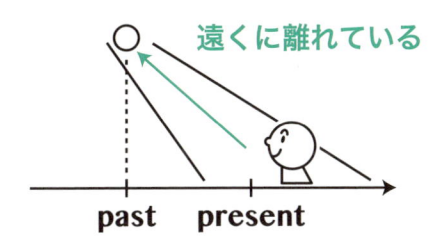

遠くに離れている

past　present

2 遠くに離れている感覚で使う

過去の行為を表す

N	Keiko notices that Taro is holding a paper bag.
Keiko	Taro, what's that?
Taro	It's manga. <u>I borrowed it from Shinichi.</u>
Keiko	That many? Make sure you take good care of things that people lent you.

From「A Heartwarming Family」Story.4『Talking on the phone with a friend』

I borrowed manga* from Shinichi.

*it を manga に置き換えています

本文のイメージは次のようになります。borrowed（borrow の過去形）部分の左から右への矢印が過去として表されていますが、これを時間軸で捉えると present から past に離れたところでの行為となります。

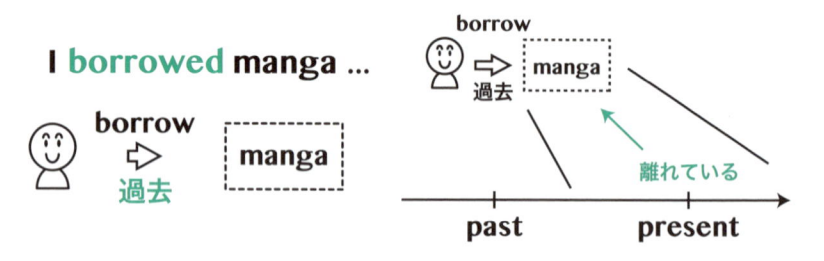

I borrowed manga ...

　このように過去形は単純に時間的な過去のことを表すときに使われます。

日本語訳
N　　　恵子は太郎が手に持っている紙袋に気づきました。
恵子　　太郎、それ、何？
太郎　　漫画だよ。信一が貸してくれたんだ。
恵子　　そんなにたくさん？　人から借りたものは大事に扱いなさいよ。
「ほのぼの家族」Story.4『電話で人と話す』より

過去の状態を表す（いまは違う）

Keiko	(Noticing something) Huh?
Taro	What is it?
Keiko	You ate a piece of the pork cutlet, didn't you?
Taro	No.
Keiko	Don't act like you didn't. There were 13 slices.
Taro	You got me.

From「A Heartwarming Family」Story.6『Practice run at making curry』

There were 13 slices.

　本文のイメージは次のようになります。were（be 動詞の過去形）が過去を表しています。時間軸で捉えると past という離れたところでの状態となります。

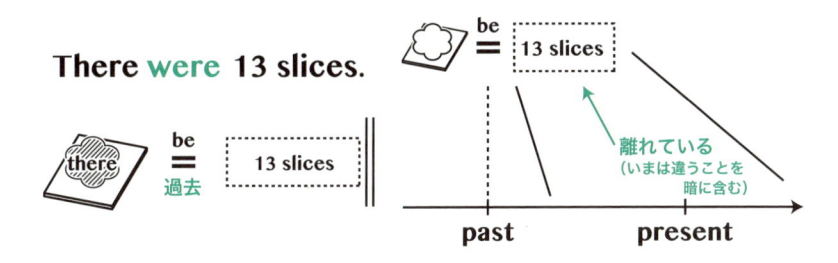

　この例文は過去のことを述べていますが、**「いまは違う（＝ 13 個ではない）」**ことも暗に含んでいます。この例文が使われているストーリーをもう一度確認してみてください。

　前の例文 I borrowed manga from Shinichi. と There were 13 slices. は同じ過去形にも関わらず、なぜこのような「現在」に関してニュアンスの違いが出るのでしょうか。
　それは borrowed と were という動詞の違いから生まれています。
　I borrowed manga from Shinichi. は borrow（借りる）という**「行為」が過去のものである**と言っています。現在マンガをもっているかどうかにはまったく触れていません。
　いっぽう There were 13 slices. は There are 13 slices. という**「状態」が過去のものである**と言っています。そこには当然現在は違う状態だというニュアンスが含まれています。
　このように**状態を表す動詞と行為を表す動詞では過去形のニュアンスが異なってきます。**

なお、I borrowed manga from Shinichi. でいまは違う（＝マンガを返した）ことを言いたい場合は追加で言い足します。例えば I borrowed manga from Shinichi and I brought back it yesterday. と言葉をつなぎます。

日本語訳

恵子　（何かに気付き）あれ？
太郎　どうしたの？
恵子　あんた、トンカツつまみ食いしたでしょ？
太郎　ううん。
恵子　とぼけても無駄よ。13切れあったんだから。
太郎　ばれたか。

「ほのぼの家族」Story.6『カレー作り予行演習』より

---

3 相手と距離を取って丁寧さを表す（依頼表現）

さきほど過去形は「遠くに離れている感覚」のときに使われると説明しました。この感覚は過去形を使った丁寧な依頼表現に応用されています。

Will you go to the supermarket for me?

Will you go to the supermarket for me?

⇨ will 😊 go ⇨ to → the supermarket ◁---😊
現在　　　　　　　　　　　　　　　　　　　me

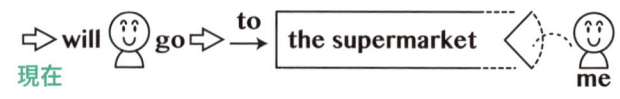

Would you go to the supermarket for me?

Would you go to the supermarket for me?

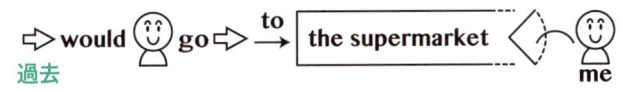

どちらも相手に依頼している表現ですが、ニュアンスには違いがあります。

will は「確信度の高い思い」を表していたので疑問文にしたときには**相手の「確かな思い」を聞く**ことになります。そして現在形なので「Will you go...?」という表現は相手の目の前に存在する思い（相手の本音）を聞くような率直な物言いになります。

そこで現在形 will の過去形である would の登場です。過去形は離れている感覚であると述べましたが、その離れている感覚をイメージで確認しましょう。

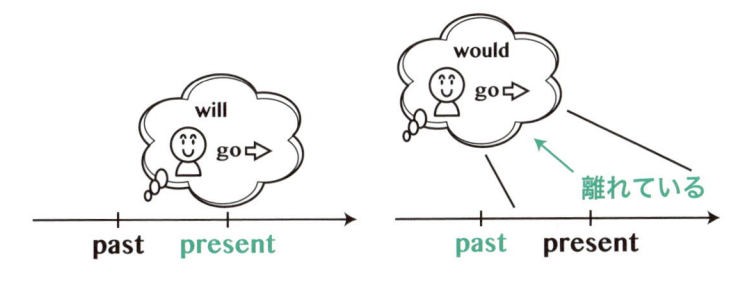

上図のイメージ図にある ように present の位置にあった will と同じものを **past の位置に遠ざけた**ものが would です。

そのため would は過去における「確信度の高い思い」を表すという本来の意味の他に、will が present から「遠くに離れる」ことによって will の輪郭のシャープさが和らいで「ぼんやりした思い」というニュアンスを表すこともできます。**過去の思いになるわけではありませんが、生々しさを和らげる効果がある**のです。

このように会話を円滑に進めるために距離を取って、聞き手の受け取り方を和らげる働きが過去形にはあります。

過去形を使うことで丁寧な表現になるという感覚は私たち日本人にもよく理解できます。ファミリーレストランの店員などが言う「ご注文は以上でよろしかったでしょうか？」も現在のことをあえて過去形で言うことで表現を和らげて丁寧な感じを出しています。

4 現実と距離を取って気持ちを込める（仮定法）

丁寧な言い方以外にも過去形を使うことでさまざまな気持ちを表わすことができます。

※再掲

> N　　　　Keiko is folding the laundry in the living room. Taro is reading manga next to her.
> Hanako　Wah, wah.
> Keiko　　Taro, can you go check on Hanako?
> Taro　　 What? I'm busy right now.
> Keiko　　(Sarcastically) <u>You could study instead</u>.
> Taro　　 (Stands up quickly) OK, Hanako. Do you want me to change your diaper?
>
> From「A Heartwarming Family」Story.4『Talking on the phone with a friend』

You could study instead.

could は can の過去形です。can の基本イメージは「人やモノが可能性を秘めている」になります。「することができる」「する可能性がある」といった能力や可能性を述べる時に使われる単語です。

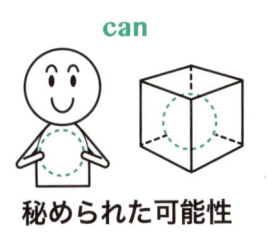

can

秘められた可能性

　現在形 can の過去形である could は present の位置にあった can を past の位置に遠ざけたものです。

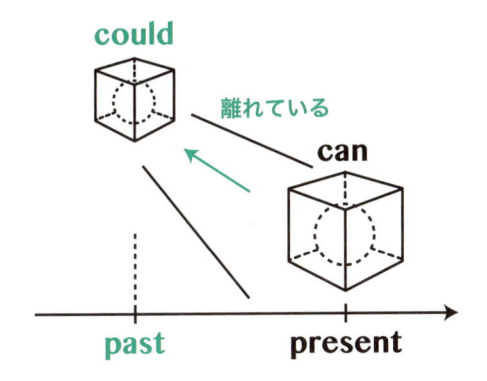

could 離れている **can**
past　present

　例文を直訳すると「あなたは代わりに勉強することができた」となります。このセリフがどのような文脈で使われているのか、今回はここで日本語訳を確認しておきましょう。

日本語訳

N　　恵子がリビングで洗濯物をたたんでいます。その横で太郎は漫画を読んでいます。
花子　オギャー、オギャー。
恵子　太郎、ちょっと花子見て来てくれない？
太郎　えーっ！　今、忙しいんだよ。
恵子　(嫌みっぽく) 別に勉強してくれてもいいのよ。
太郎　(すばやく立ち上がり) さあ、花子〜。お兄ちゃんがオムツ替えてあげるからな。

「ほのぼの家族」Story.4『電話で人と話す』より

日本語訳は「(嫌みっぽく)別に勉強してくれてもいいのよ」となっています。なぜこの例文がこのように解釈されるのでしょうか。それを考えるために英文をイメージで捉えてみましょう。

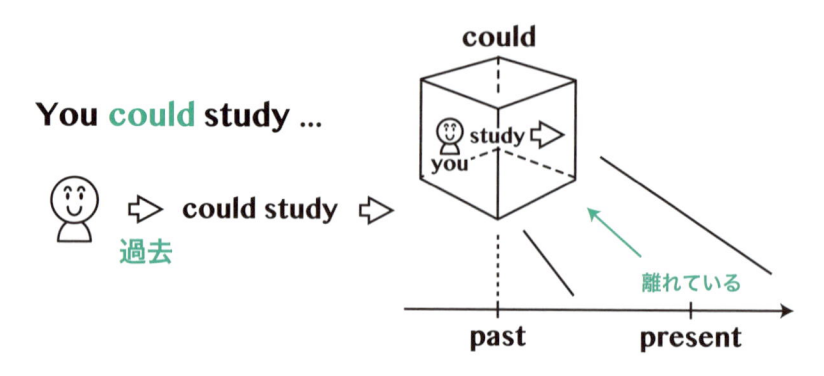

You could study ...

例文は could という過去形を使うことで present（目の前に存在する状況）から離れている状況を表しています。しかし、このセリフの前は恵子が Taro, can you go check on Hanako? と現在形で太郎に聞いており、太郎も What? I'm busy right now. と現在形で返していました。

そこへいきなり恵子が You could study instead. と過去形を持ち出しているのです。お互いに「現在」の話をしていたところ、恵子が**「過去」にあえて離れさせている**わけです。この状況をイメージ図にしてみると次のようになります。

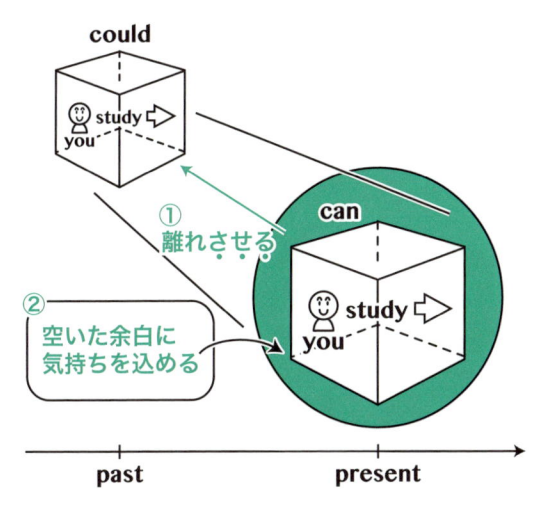

恵子は**過去形を使うことで現実から距離を取っています**。そして、present にできた余白に「現実にはありえないことだけど」という嫌みっぽい**気持ちを込めている**わけです。

　このような表現方法は日本語にもあります。たとえば「宝くじが当たっていたらなあ」というセリフは過去形を使うことで現実から距離を取って、その余白に話し手の気持ちを込めています。このように日本語でもありふれた表現なのと同じように英語でも特に複雑な言い回しというわけではありません。

　文法ではこの用法を「仮定法」と呼びます。仮定法と聞くと難しく感じますが、「遠くに距離を取る」という過去形の基本イメージから派生したものでしかありません。

　また、文法では仮定法には反語的な訳を付け加えて説明します。例えば、さきほどの「宝くじが当たっていたらなあ」という例文に対して「宝くじが当たっていたらなあ（しかし、実際には当たっていない）」のようにカッコで反語的な訳を加えたりします。

　しかし、仮定法はつねに反語的に訳さなければいけないわけではありません。話を present から past に移すことで生まれた余白に話し手がどんなニュアンスをこめるかは話し手の気持ち次第、文脈

次第です。それを汲み取るように注意してください。

☕ Coffee Break

今井 will を過去にすると「丁寧な依頼を表す」というのが面白かったですね。「Would you...?」という表現は学校でも丁寧な言い方だと習ってはいるんですよ。でも現実感が伴わなくて、字面でしか理解していませんでした。「相手との距離を取ることで丁寧さを表現している」という説明を聞いて、なるほどと納得できました。

遠藤 距離を取った表現を使わないと聞き手に衝撃を与えてしまうのは想像に難くないはずです。ストレートにぶつけられちゃうとやっぱり嫌ですよね。

今井 「Will you go ...?」が「行ってもらえる？」で、「Would you go ...?」が「行っていただけますか？」という訳になるっていうのは、なんかちょっと面白いですね。

遠藤 その面白さってひとつひとつの英単語が日本語に対応していないと気が済まない人にとっては、ある意味気持ち悪いことでもあるんですよね。私がそうだったので（笑）

今井 日本語にはさまざまな敬語がありますよね。その敬語にあたるものが英語ではこの過去形なんだと思うんですが、これらは字面の上ではまったく別の表現になりますものね。

遠藤 そうですね。異なる言語間ですべてがきれいに対応するなんてことは最初から期待しないほうがいいと思います。ひとつひとつの表現が日本語に対応しないことがある、むしろそれが普通であると思ってもらえたらと思います。

今井 わかりました。あとは「現実と距離を取って気持ちを込める」ところで、文法書に反語的な訳がついているのは、文脈がなくてもわかりやすくするためではありませんか。

遠藤 そうでしょうね。ただ、そういう習慣がついてしまうと、いつも反語的に捉え過ぎるようになりかねません。「この形の英文はこういうふうな日本語訳をつける」と杓子定規に考えると相手が言いたいことを大きく勘違いしてしまう可能性があります。

今井 話し手の意図とは別のところが強調される感はありますね。

遠藤 過去形を使うことで現実とのあいだに距離を取るわけですが、そのあいだにどのような気持ちを込めるのかは話し手次第です。**文面に明示しないからこそ使い勝手がいいわけです**。同じ文面でも話し手の言いたいことはイントネーションや強調の仕方で変わってきます。

今井 そうですね。型にはまった受け取り方ではなくて、そこに話し手がどんな気持ちを込めているのかを捉えるべきですね。相手の気持ちを汲み取ることが会話の本質ですから。

第4節　英語における時制感覚

　ここまで時制について学んできました。英語には present と past の2つの時制しかないことをご理解いただけたと思います。会話ではこの2つの時制を使い分けて話を進めるのですが、ネイティブは私たちにとって違和感のある時制の使い方をすることがあります。その1つである英語の時制感覚について説明します。

1 英語と日本語で時制がズレる理由（時制の一致）

N	Taro flings the door open and goes inside the house.
Taro	I'm home. I made plans with Shinichi, so I'm going out.
Keiko	Where are you going?
Taro	To Shinichi's house.
Keiko	You should at least wash your hands and gargle when you get home from school.
Taro	But I told him I would go to his house right away.

From「A Heartwarming Family」Story.3『Going to a friend's house』

I told him I would go to his house right away.

　前半の I **told** him は「私は彼に話した」で、後半の I **would** go to his house right away は「すぐに彼の家に行くつもりだった」です。
　前半は省略されている that によって後半につながっています。自然な日本語に訳すと「すぐ家に行くって彼に言った」となります。

I told him　　　　　**I would go to his house ...**

tell → 過去　物/人　(ケ) that省略　過去　would go → to his house

　英文は前半も後半も過去形ですが、日本語訳は語順が入れ替わったうえで片方だけ現在形になっています。

I told him I would go to his house right away.
すぐ家に行く（つもりです）って彼に言った。

　つまり、英文と日本語訳で時制がズレてしまっているのです。なぜこのようなことが発生したのでしょうか？　その理由を考えるために英文と日本語訳のイメージを確認してみましょう。

　まず日本語訳のイメージを先に説明します。「すぐ家に行くつもりです」の部分では**太郎が信一を目の前にして、いままさに話している感覚で述べています。**
　そして、「って彼に言った」の部分では太郎は恵子を目の前にして、さきほどの「すぐ家に行くつもりです」という内容を過去のものとして眺める感覚で述べています。

日本語

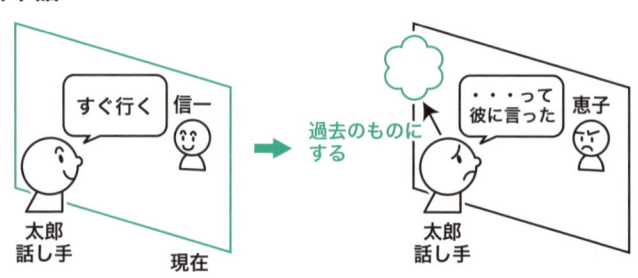

「すぐ行く」信一　　太郎 話し手　現在　→　過去のものにする　…って彼に言った　恵子　太郎 話し手

　つまり、**日本語では話している内容に応じて、話し手が立ち位置**

を変えているわけです。話し手が話の内容のその場その場に入り込んで、そこで話したことを**そのまま再現する**ので、過去の話であっても「すぐ家に行くつもりです」のような現在形が**混入**してきます。

次に英文のイメージを説明します。I told him で太郎が話すという動作をしたのは過去のことです。そして I would go to his house right away で太郎自身が話した内容もそのまま過去のものとして述べています。

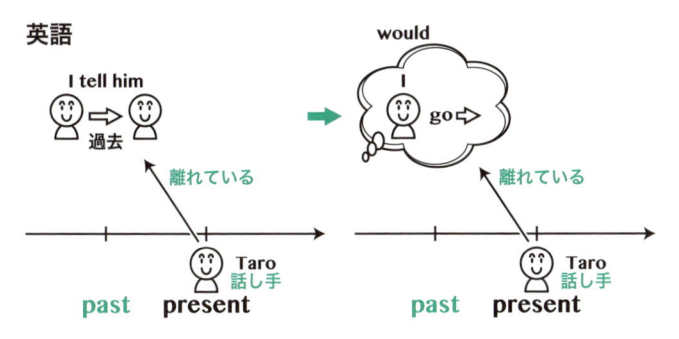

つまり、**英語では話し手は常に present（現在）から物事を眺めている**ことがわかります。立ち位置が動かないので told、would と過去形で述べます。このように話し手の立ち位置が異なっているので、会話で時制がまたがるときに英文と日本語訳の間でズレが発生していたのです。

このようなズレを文法では「時制の一致」というルールで説明しています。

そのルールとは「主節の動詞の時制に従属節の動詞の時制を合わせる」というものです。主節（I told him）で過去形が使われているから従属節（I would go to his house right away）も過去形にしないといけないというルールです。

しかし、これは特別なルールというわけではありません。英語では話し手が立ち位置を present から動かさないので時制が連続しているだけなのです。

> **日本語訳**
> N　　太郎が乱暴にドアを開けて家に入ってきました。
> 太郎　ただいま〜。信一と遊ぶ約束したから、行ってくるね。
> 恵子　どこによ。
> 太郎　信一の家。
> 恵子　学校から帰って来たら、手洗いうがいぐらいしなさい。
> 太郎　すぐ行くって信一に言っちゃったんだもん。
>
> 「ほのぼの家族」Story.3『友達の家に遊びに行く』より

2 英語の時制は話し手の遠近感を反映する

「時制の一致」という文法ルールも絶対ではありません。主節と従属節という関係でも時制を一致させない例外があります。

> Mamoru　If you can't even get spiked shoes, a car is probably out of the question. If I mention that I want a new car, she'll probably yell at me saying, "Our car is still running! There is no money for a new car."
> Taro　Speaking of which, she said you will drive this car until it spits fire.
> Mamoru　That's crazy.
>
> From「A Heartwarming Family」Story.8『Driving』

She said you will drive this car until it spits fire.

　これは主節（She said）で過去形（said）になっているにもかかわらず、従属節（you will drive this car...）では現在形（will）が使われています。said は「彼女が言った」という past のことを表し、will は「この車が火を噴くまであなたはこの車をきっと運転するだろう」という present のことを表しています。

She said　you will drive this car …

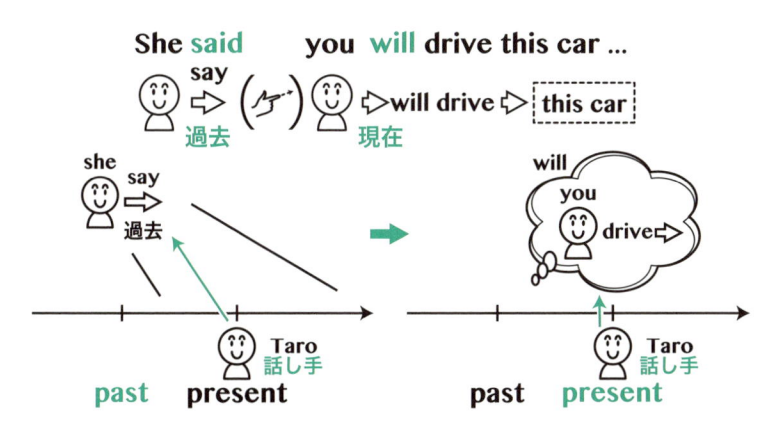

つまり、これを述べている話し手にとっては「この車が火を噴くまであなたがこの車を運転するだろう」ということが目の前に存在しており、当分成り立ちそうなことであると見ているわけなのです。

このように英語における時制とは、話し手がものごとを見るときにどのように認識しているのか、present から見てそれが近いものなのか、遠いものなのかということを反映しているだけなのです。

この文章は She said you would drive this car... と時制を一致させても訳したときの意味はそれほど変わりません。ただ will と現在形にすることでより思いの強さ、生々しさが強調されるのです。

日本語訳

守　　スパイクでその調子じゃ、車は無理だな。『新しい車がほしい』なんて言ったら、『まだまだ乗れるでしょ！どこにそんなお金があるのよ』って激怒するに決まってるもんな。

太郎　そう言えば、この車が火を噴くまで乗るって言ってたよ。

守　　めちゃくちゃだな。

「ほのぼの家族」Story.8『ドライブ』より

Coffee Break

今井 この日本語と英語の間のずれは、もうどうしようもないですね（笑）

I told him I would go to his house right away. を「すぐに信一の家に行くつもりだったと僕は信一に言った」と訳してしまったら、ちょっと違うというよりは誤訳ですね。

遠藤 信一に遅れた言い訳したことをお母さんに報告しているって感じですね。

今井 「時制の一致」というのは日本人に英語を解説するためのルールですか？

遠藤 いえ、このルール自体は英語でも Sequence of tenses（時制の連続）として説明されています。

今井 実は「時制の一致」というルールの意味がわからなかったんですけれど、いまわかりました（笑）

遠藤 ネイティブの文法学者はこの「Sequence of tenses」を「自動的にそうなるものである」と説明しています。この表現からもわかるように彼らにとっては**立ち位置を変えないことが自然**なんです。

私たちが「日本語では話し手は場に入り込むんだよ」と言われて「そうだったのか、初めて知った」と感じるのと同じような感覚です。外国語を学ぶことは母国語を知る、つまり自分を知る手掛かりにもなります。だから語学は面白いんですね。

第9章
英語の原始的構造

　第8章の最後に英語における時制感覚を説明しました。そのときに「時制の一致」というルールを取り上げましたが、ルールを覚えるのではなく、そもそものモノの見方が違っていることを捉えてほしいという話をしました。

　英語では話し手は present に自分を常に縛り付けます。あちこち動き回らずに present の立ち位置から見た言い方で話します。日本語の話し手は話の内容によって立ち位置を変えます。過去の話をするときはその過去の場面に入り込んで話をします。英語と日本語訳の時制にズレが発生するのはそのためです。

第1節　話し手の立ち位置

1 日本語は場に入り込む

　では、ここからは「話し手の立ち位置」を取り上げていきたいと思います。話の内容によって場に入り込んでしまう日本語は「一人称ゲーム」にたとえることができます。

　一人称ゲームというのは、ゲームセンターなどにある銃で画面に次々にあらわれる敵を打ち倒すようなゲームです。銃は手元にあり実際に触って使うことができますが、敵は画面の中です。

日本語

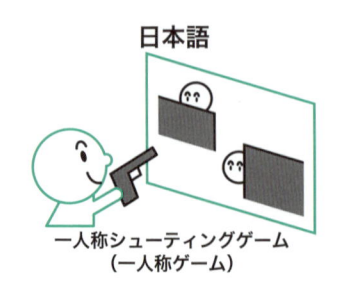

一人称シューティングゲーム
（一人称ゲーム）

　一人称ゲームの特徴は、**プレイヤー自身の姿は画面上には現れない**ということです。画面に現れる世界は全てプレイヤーが見ているもので、その意味でプレイヤーは画面に入り込んでいます。

　一人称ゲームの場合、プレイヤーの動作は「敵」に狙いを定めて「撃つ」です。つまり「敵を・撃つ」という順になります。これを日本語に置き換えると**「何を（対象物）・どうする（動詞）」という表現順序**になります。

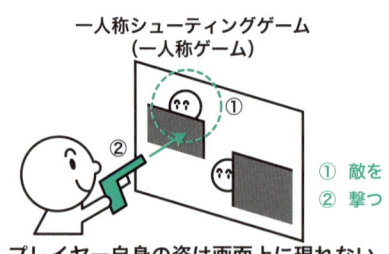

一人称シューティングゲーム
（一人称ゲーム）

① 敵を
② 撃つ

プレイヤー自身の姿は画面上に現れない

2 英語は場から切り離す

　日本語が「一人称ゲーム」ならば、**英語は「インベーダーゲーム」**です。むかし喫茶店で流行ったUFOを撃ち落とすゲームです。

英語

インベーダーゲーム

　インベーダーゲームの特徴は、**プレイヤーを表す自機が画面上に表示**されていることです。プレイヤーはその自機を操作します。この状況は操作をする人（プレイヤー）と画面上の自機が切り離されているといえます。このように英語では自分自身を場から切り離すのです。

　インベーダーゲームでは、ゲームの進行は「自機が、撃つ、敵を」という順序になっています。これを英語に置き換えると**「subject・verb・object」という表現順序**になります。

インベーダーゲーム

① 自機が
② 撃つ
③ 敵を

プレイヤーを表す自機が画面上に見える

3 脳における自他分離の処理

　日本語は「自分が場に入り込む」のに対して、英語は「自分を場から切り離す」ということを述べました。

　I love you. は日本語では「愛しているよ」で「私は」という主語を明示しません。しかし、英語ではかならず「I」という subject

から始めなければいけません。そこに日本人が英語を話すときの難しさがあります。自分を場から切り離すという一手間が必要なのです。

場から自分を切り離すという「自他分離」は脳科学的にみると右脳が受け持っている働きです。一方で言語を処理するのは左脳です。
そうすると**英語話者は一度右脳を経由して左脳のほうに処理を移している**ことになります。一方で、日本語話者はそのまま左脳だけで処理をしています。日本語は自他分離という右脳が受けもつ機能を刺激せずに話をしている、つまり自分を場に埋め込んだまま話をしているということです。

英語話者は英語という主語を強要される言語を使っていくうちに「自他分離」をする右脳を経由して左脳で言語処理をするという回路が脳にできあがっていきます。日本人が英語を話すときは脳にそういう回路ができていないので、なかなか主語がスムーズに出てこないということになります。

しかしこういう回路は先天的なものではなく後天的なものです。日本人でも英語を学ぶうちに少しずつ「右脳→左脳」回路ができてきます。その回路をつくるためにも日本人は英文を話すときにsubjectを非常に強く意識しないといけないのです。

Coffee Break

今井　確かにインベーダーゲームでは「自機が、撃つ、敵を」となるので、**主語がないと話が始まらない**ですね。それに対して一人称ゲームでは「敵を、撃つ」となって主語がないのが当たり前ですね。

遠藤　場に入り込んだ状態で見えている風景を描写したら、主語を明示しないはずですからね。そう考えてみると英語はある意味で不自然な言語なんです。話し手に自分の姿（全身像）は見えてないはずなのに、なぜ英語では「I（私）」という言葉を最初にもってくることができるのか。これって結構不思議な感覚だと思いませんか？

　世界にはたくさんの言語がありますが、英語のように主語をもってこなければいけない言語のほうが実は少数派なんだそうです。

今井　日本語みたいな言葉の方が多いのですか？

遠藤　そうです。世界の人口を70億人としてそのうちの60億人の母国語は日本語のように主語をもってこなくてよい言語だといわれています。だからどちらが人間にとって自然なのかというと、やはり主語をもってこなくてよい言語のほうなんだと思います。

今井　日本人の英語に「I（私）」が出てきにくいのもムリはありませんね。

遠藤　今井くんが「Will you go to the supermarket for me? で一番言いたいのは supermarket だと思う」と言っていたのは、まさに日本語のモノの見方を表現していたのです。日本語は「対象物（目的語）、動作」という順番で物をみているから「スーパー」をまず見ます。そして「スーパー」を最初に言うので、言いたいことは「スーパー」だと感じるわけです。

　こう考えていくとスムーズに英語を話そうとするなら「日本語のモノの見方」から少し離れるという芸当が必要だと言えそうです。逆に英語ネイティブが日本語を話すときも英語のモノの見方から離れることが必要なのだと思います。

第2節　subjectと主語

　先ほど「話し手の立ち位置」のところで述べたように、日本語と英語の大きな違いはプレイヤーを表すモノが画面上に見えているか見えていないかでした。これを英語では「subject」、日本語では「主語」と呼んでいます。

1 subjectの基本イメージ

　subject の sub は「下へ」という方向を表す接頭語です。ject は「投げる」とか「置く」という意味です。したがって subject で**「下へ投げる／投げられたもの」「下へ配置する／配置されたもの」**になります。これが subject の基本イメージです。

　そこから「支配を受ける」というニュアンスが発生します。例えば「British subjects」と言えば「イギリス臣民」という意味になります。

　また 15 世紀くらいから音楽や絵画などの「テーマ」という意味でも subject が使われるようになりました。これは subject matter の matter が省略されたもので、芸術の表面には出てきていないけれども、その底流に流れているテーマや主題を表します。

　さらに subject は「実験の被験者」や「容疑者」という意味にもなります。

　このように subject には「受ける」というイメージがあります。支配を受ける、芸術の底流に置かれる、実験を受ける、疑いを受けるなどすべて「受ける」のニュアンスが感じ取れます。

2 subjectと主語の間のズレ

　このように subject には「受ける」というニュアンスがありますが、「主語」という訳語にはそのニュアンスがありません。この訳

語のために私たちは subject のイメージを正しく捉えられなくなっています。

英文法の subject は**これから話すことをポンと足元に投げ落とすようなイメージ**です。日本語の「主語」という言葉から感じられるような「行動する主人公」というものではないのです。

subject　　　　　　　　　　　　　　　**主語**

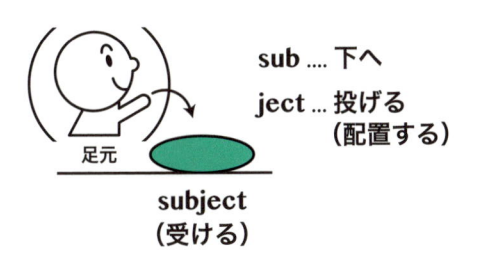

sub .... 下へ
ject ... 投げる
（配置する）

足元
subject
（受ける）

主語
（行動する主人公）

subject はこれから話すことをポンと足元に投げ落として、話がそこからスタートすることを示すものです。「主語」という訳語にとらわれずに subject のイメージをつかむようにしてください。

第9章　英語の原始的構造

☕ Coffee Break

今井　アメリカ人の友だちが言ってましたけど、「怒られる」っていう言い方は英語ではあんまりしないらしいですね。英語では「僕が怒られる」じゃなくて、「誰々が僕を怒る」っていうふうに言う。日本語だと、さっきの一人称ゲームで考えれば画面上の敵が僕を攻撃したときに、僕から見た景色は「僕が攻撃される」つまり「僕が怒られる」ですもんね。

　しかし、インベーダーゲームのほうでは「敵が、攻撃する、僕を」つまり「誰々が、怒る、僕を」となりますよね。そこがやっぱり違うなと思いました。

遠藤　「僕が攻撃される」という文からわかるように、日本語の場合は自分が場に入り込むので、「（画面上の）敵」を言葉として表現しなくてもだいたい伝わります。しかし英語の場合は自分を場から切り離すので、「画面上の敵」からスタートしているのであれば、そこから始めるのが普通なのです。

　英語で受け身を使うのは行為者をぼかしたいときや行為者がはっきりしないときです。つまり、結果しか伝えたくないときや結果しかわからないときに使うわけです。そういう意図がないときはあまり使いません。私たちが日本語でよく使っている感覚でネイティブが受け身を使っているわけではない、ということは知っておいたほうがいいでしょうね。

第3節　英語の原始的構造

　ここまで英語の語順はインベーダーゲームの「自機が、撃つ、敵を」であると説明してきました。この「自機」がsubjectだったわけです。ここからは「敵」の部分であるobjectについて説明し、英語の原始的な構造がどうなっているのか、もう少し大きな枠組みで確認していきます。

1 objectの基本イメージ

　objectのobは「何々の反対側に、何々に対面して」（against）という意味の接頭語です。jectはsubjectのjectと同じです。したがってobjectは「反対側に投げる／投げられた」「**対面して配置する／配置された**」が基本的なイメージです。

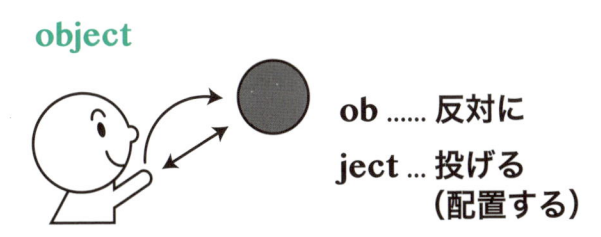

object

ob …… 反対に
ject … 投げる
　　　（配置する）

　このobjectが何と対面して配置されているのかというと、もちろんsubjectです。subjectの前方に置かれたものがobjectなのです。このsubjectとobjectの共通点はject（置かれたもの）で、どちらもいわば「静的なモノ」です。つまりsubjectとobjectの位置には静的なモノが置かれるわけです。

　その**静的なモノと静的なモノの間をverb（動的な矢印）がつないでいます**。静的なモノがverbによって引っ張られて、静的なモノにあたるという形式です。引っ張られるほうの静的なモノをsubjectと呼び、行為があてられるほうの静的なモノをobjectと呼んでいるのです。

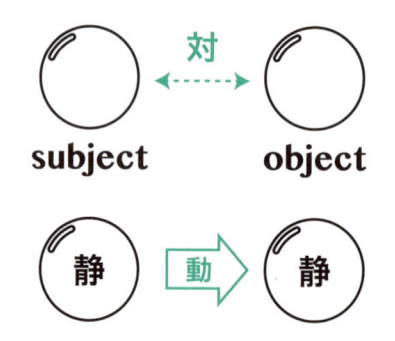

なお、ここで「引っ張られる」と受け身のように表現しましたが、これはみなさんが場に入り込んでしまってsubjectを「行動する主人公」と捉えないようにするためです。これから述べることもすべて日本語的なモノの見方ではなく、自分を場から切り離す英語のモノの見方で理解するようにしてください。

2 英語は静・動の組み合わせ

subject、verb、objectなどと言い分ける前の**英語の最も基本的な構造は静・動・静**という「静」と「動」の組み合わせです。どんなに長い複雑な英文もこの組み合わせのバリエーションで構成されています。

「主語」「動詞」「目的語」という言葉で理解する英文とは少しイメージが違ってくるのではないでしょうか。静的なモノと動的な矢印を組み合わせて表現をつくりあげていくのが英語の世界なのです。

これまでの例文から少し長めの英文をピックアップして静・動で捉えてみましょう。

It's incredible that that man is the general manager.

この文を静・動のイメージで表すと次のようになります。

It's incredible that that man is the general manager.

[図: it be=現在 incredible / that man be=現在 the general manager / 静→動 静 静→動 静]

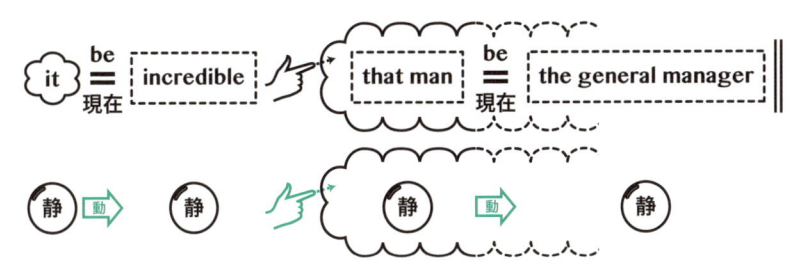

　この文は英文法で習う五文型の型には収まっていない英文ですが、このように静と動の組み合わせで眺めることによって全体の構成を捉えることができるようになります。

I didn't care for the guy's attitude who showed me the Japanese model I liked.

　この文を静・動のイメージで表すと次のようになります。

I didn't care for the guy's attitude who showed me the car.

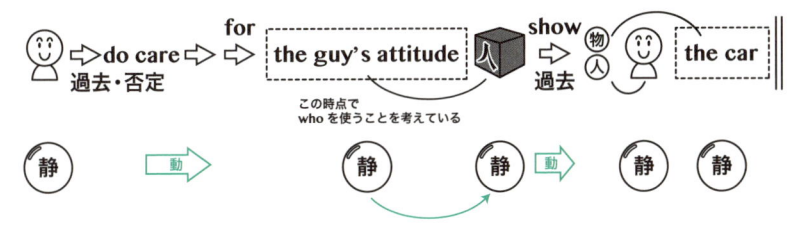

[図: ☺ ⇒do care⇒ for ⇒ the guy's attitude 人 show⇒ 物 ☺ the car / 過去・否定　　　　　　　　　　　　　　　　過去
この時点でwhoを使うことを考えている
静　動　静　静→動　静　静]

　静と動の組み合わせと述べましたが、必ず静と動が交互にくるわけではありません。この the guy's attitude who のように「静・静」となることもあります。

　旧来の英文法では説明しきれなかった英文も静と動で捉えることで理解しやすくなります。このあと例文を挙げながら確認していきましょう。

Coffee Break

今井 英語は「静」と「動」の繰り返しというのが面白いですね。でもそれが僕の英会話にどこまで反映できるかちょっとあやしいですけど。

遠藤 リピーティングや段階的音読で静と動を確認しながら、その感覚を身につけてもらいたいですね。これも英語を話せるようになるために越えるべきハードルを低くする試みなのです。いきなりネイティブの感覚を身につけることはできませんから、**低いハードルをたくさん越えることで少しずつその感覚を身につけていく**のです。

　英文を静と動の組み合わせと捉えることは、英文法のように五文型に当てはめて理解しようとするアプローチよりも、原始的なだけあってとっつきやすいと思います。単語の流れやリズムも捉えやすくなるので、小説のような長い英文を読むときにも役立つと思いますよ。

第4節　静・動で英文を理解する

1 強調構文

> Kaho　There you go again. You're always worrying about your job like that.
> Chiho　I mean, I'd be causing trouble for my coworkers, and...
> Kaho　Don't you think that your thinking like that is one of the causes of your stress? Don't get me wrong. <u>I do admire your sense of responsibility.</u>
>
> 　　　　　　From「Two Friends on Vacation to Mont Saint-Michel」
> 　　　　　　　　　Story.1『Let's go on a vacation!』

I do admire your sense of responsibility.

　この文で注目してほしいのは「do admire」と「動・動」となっていることです。これらが合わさってひとつの「動的な矢印」をつくります。しかしdoとadmireそれぞれの役割は何なのでしょうか？
　それを考えるためにまずはイメージ図を確認してみましょう。

I do admire your sense of responsibility.

do admire → your sense
現在
引っ張る　的にあてる
静　——動——→　静

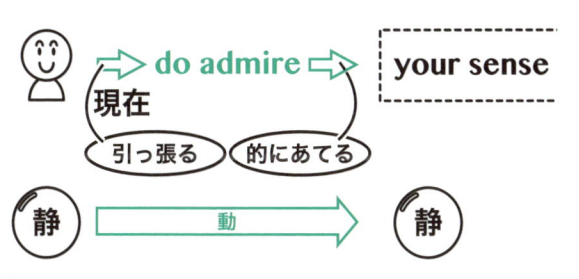

　イメージ図では最初の動の do を「→ do」と描いています。二

番目の動の admire は「admire →」となっています。「→ do」の矢印は I（私）を「**引っ張る**」役割を持っており、次の「admire →」の矢印は admire という動作を your sense という「**的にあてる**」役割を持っています。

　この例文は I admire your sense of responsibility. という文の「admire（賞賛する）」を強調したものです。現在形の動詞 admire を助動詞 do と動詞の原形 admire の2つにわけることで、引っ張る役割と的にあてる役割を明示しているのです。そして do を強く読むことで admire という行為を強調します。

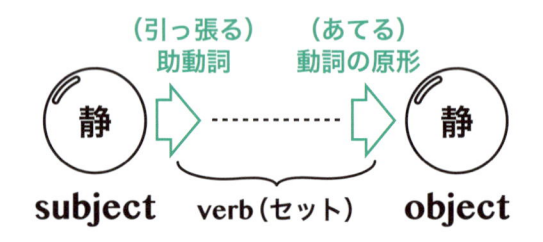

```
       （引っ張る）    （あてる）
        助動詞      動詞の原形
  ┌─┐    ⇒ ------------ ⇒    ┌─┐
  │静│                        │静│
  └─┘                        └─┘
 subject     verb（セット）    object
```

　助動詞の役割は多岐にわたりますが、そのひとつに前に置かれた単語を引っ張る働きがあります。静的なモノを引っ張ることで「何がどうする」という意味を生みだし、その行為を現実のものにするのです。
　動詞の原形とは第6章で述べたようにコンセプトであり、現実世界に姿を表していない行為です。それは、動詞の原形は前に置かれている単語を引っ張ることができない、という意味でもあります。

日本語訳

夏帆　　ほらほら、千穂はそうやって、結局、仕事のことを気にしてる。

千穂　　だって、同僚とかに迷惑かけるし……。

夏帆　　そうやって考えてしまうことも、ストレスの原因になっているんじゃない？　誤解しないでね。千穂の責任感はすごいと思っているのよ。

「モン・サン・ミッシェルOL二人旅」Story.1『旅に出よう！』より

2 疑問文

> Taro　Did Shinichi's mother say anything?
> Keiko　She said that you were a nice boy with good manners.
> Taro　See, I told you!
> Keiko　There must be some mistake. You're only well-mannered outside this house.
>
> From「A Heartwarming Family」Story.4『Talking on the phone with a friend』

Did Shinichi's mother say anything?

　これは疑問文と呼ばれるものです。なぜ助動詞を主語の前にもってくると疑問文になるのか、みなさんは不思議に思ったことはありませんか？　ここでその疑問を解消してしまいましょう。まずは例文を静と動で捉えるとどうなるかイメージで確認してみます。

Did Shinichi's mother say anything?

⇒ do ····▶ ☺ ····▶ say ⇒ | anything | ?
過去

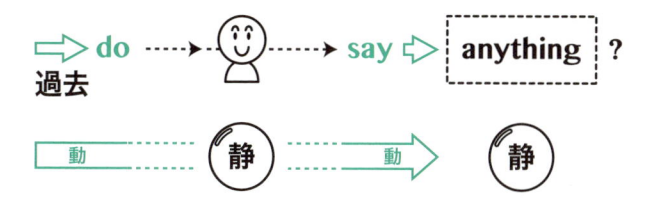

動 ── 静 ──── 動 ▶ 静

　さきほど述べたように助動詞は引っ張る役割、動詞の原形は的にあてる役割です。「引っ張って、的にあてる」という流れはセットになるので、Did から say までがひとつの動的な矢印となります。

　その動的な矢印のあいだに静的なモノである Shinichi's mother（主語）が置かれています。このように動的な矢印は静的なモノを通過して、その先に続くことがあります。

　イメージ図では最初の動である did は「→ do」、二番目の動であ

第9章　英語の原始的構造

る say は「say →」と描かれています。「say →」の矢印は say という動作を anything という的にあてる役割を持っています。

では「→ do」の矢印の役割は何でしょうか？

これは実は「**聞き手を引っ張っている**」のです。

聞き手を引っ張る

Did Shinichi's mother say ...
ん？
聞き手
do → → say
話し手

聞き手を引っ張ることで「信一のお母さんは何も言わなかった？」ということを質問しています。疑問文で助動詞が前にもってこられる理由は、このような助動詞の引っ張る役割にあったのです。

日本語訳

太郎　　信一のお母さん、何か言ってた？
恵子　　太郎くんは、優しくてお行儀が良くていい子だって。
太郎　　だろ？
恵子　　人違いじゃないの？　ほんとにそと面だけはいいんだから。

「ほのぼの家族」Story.4『電話で人と話す』より

---

3 want+人+to do

Kato	(calling to Yuko to talk to her) Oh, Ms. Konno. I need you to do something for me. It's urgent.
Yuko	Yes, Mr. Kato. What is it?

> Kato　Since I have to leave for a client's office, <u>I want you to deliver the documents in this envelope</u> to the department head.
> From「Yuko's Work Hours」Story.2『Mr. Kato asks Yuko an urgent favor』

I want you to deliver the documents in this envelope.

　この例文は第2章で取り上げた I want you to go to the supermarket. と同じ形式の英文です。そのときに「英文は単語を並べることで流れをつくる」と述べましたが、静・動で表したらどうなるのかを確認しておきましょう。

I want you to deliver the documents ...

want 現在 / to / deliver → the documents
静 →動A 静 →動B 静

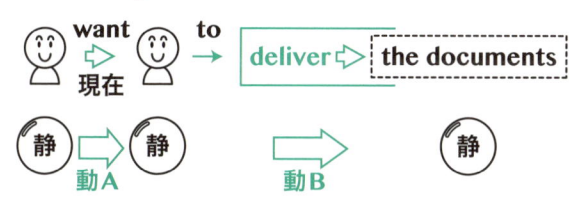

　イメージ図にある動的な矢印（A）（B）の役割は次のようになります。

（A）I を want の矢印が引っ張って you にあてる。
（B）you を to deliver の矢印が引っ張って the documents にあてる。

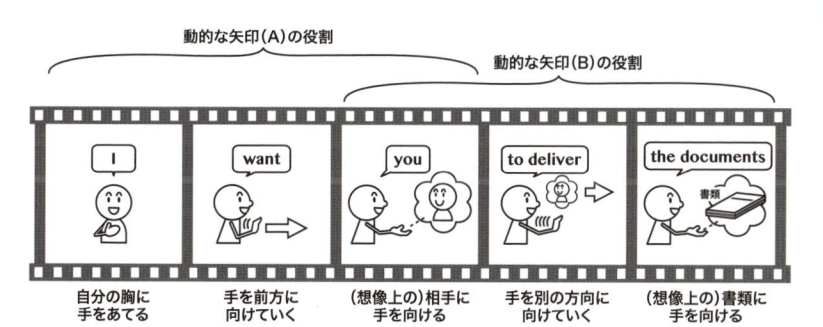

動的な矢印(A)の役割　　動的な矢印(B)の役割

I	want	you	to deliver	the documents
自分の胸に手をあてる	手を前方に向けていく	（想像上の）相手に手を向ける	手を別の方向に向けていく	（想像上の）書類に手を向ける

第9章　英語の原始的構造

このようにひとつの動的な矢印ごとにひとかたまりの動作が対応しています。そのため動的な矢印に注目することで意味のかたまりが捉えやすくなるわけです。

ここまで to deliver をひとつの動的な矢印として扱ってきましたが、その理由も説明しておきましょう。to は「到達点を含む矢印」が基本イメージです。to と述べた段階で矢印が引かれますが、この矢印が you を引っ張る役割を果たしています。また to の到達点であるボックスに動詞の原形 deliver が入りますが、この動詞の原形が the documents という的にあてる役割を果たしています。
「助動詞（引っ張る）＋動詞の原形（的にあてる）」と同じように、「to（引っ張る）＋動詞の原形（的にあてる）」という形式になっているのです。だから to deliver をひとつの動的な矢印として扱っていたわけなのです。

ここで注目してほしいのは you です。イメージ図を見ていただいてもわかるように you は動的な矢印（A）では object（あてられるモノ）ですが、動的な矢印（B）では subject（引っ張られるモノ）でもあります。このように英語では1つの単語に2つの役割をもたせることがあるのです。

日本語訳

加藤　　（優子を呼び止めるように）あ、今野さん。申し訳ない、急いで頼みたいことがあるんだけど。

優子　　はい、なんでしょう、課長。

加藤　　これから取引先にあいさつに出かけることになってね、この封筒に入っている書類を部長に届けてほしいんだ。

「新人優子の仕事の時間」Story.2『急ぎ頼まれた課長からの用事』より

4 SVOC

※再掲

> N　　　Taro flings the door open and goes inside the house.
> Taro　I'm home. I made plans with Shinichi, so I'm going out.
>
> From「A Heartwarming Family」Story.3『Going to a friend's house』

Taro flings the door open.

　この例文は the door と open という静的なモノと静的なモノが並んでいます。文法では SVOC と呼ばれる型の英文ですが、この文型の背後にある自然さはどういったものなのでしょうか？　イメージ図から確認していきましょう。

Taro flings the door open.

fling
現在

the door　open

静　動C　静　動D　静

　イメージ図にある動的な矢印（C）（D）の役割は次のようになります。
（C）Taro を fling の矢印が引っ張って the door にあてる。
（D）the door を見えない矢印が引っ張って open にあてる。

| 動的な矢印(C)の役割 | 動的な矢印(D)の役割 |

Taro	flings ⇨	the door	...	open
(想像上の)太郎に手を向ける	手を別の方向に向けていく	(想像上の)玄関のドアに手を向ける	手を払って玄関を開ける	手は開いた玄関に向けたままにする

　突然「見えない矢印」がでてきましたが、ふたつの動作を連続して行ってみてください。見えない矢印（D）の正体は **the door を通過した動的な矢印（C）の余波**であることがわかるはずです。このように英語では動的な矢印が「的」を通過して、その先まで影響を及ぼすことがあります。

　この流れの英文を日本語の「てにをは」を当てはめて理解しようとすると、かえって厄介なことになります。Taro flings the door open. の the door は fling の目的語（＝ドアを）であると同時に open の主語（＝ドアが）でもあるからです。

　英語をそのまま理解できるようになるためには、英語を読むときに**頭の中で英単語のお尻に「てにをは」を付けるクセを止めなければなりません**。単語のつくりだす流れで理解していく必要があるのです。

日本語訳

N　　　太郎が乱暴にドアを開けて家に入ってきました。
太郎　　ただいま〜。信一と遊ぶ約束したから、行ってくるね。

「ほのぼの家族」Story.3『友達の家に遊びに行く』より

5 使役構文

※再掲

> Keiko (Measuring with her hands) I'd like a bottle of olive oil this big.
> Taro Can't you just use regular oil?
> Keiko It has to be olive oil! Here's some money.
> Taro You're really making me work.
>
> From「A Heartwarming Family」Story.1『Errands』

You're really making me work.

　この例文は me のあとに動詞の原形 work が並んでいます。文法では使役構文と呼ばれる構文の1つですが、この背後にある自然さをイメージ図などから確認していきましょう。

You're really making me work.

be = 現在 really making ⇒ work ⇒

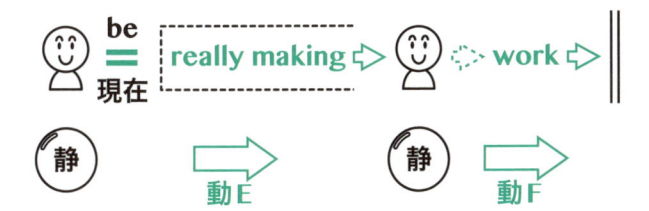

静 → 動E 　静 → 動F

　イメージ図にある動的な矢印（E）（F）の役割は次のようになります。
（E）You を are really making の矢印が引っ張って me にあてる。
（F）me を見えない矢印 + work が引っ張る。

動的な矢印(E)の役割　　　　　動的な矢印(F)の役割

| you | are really making | me | ... | work |

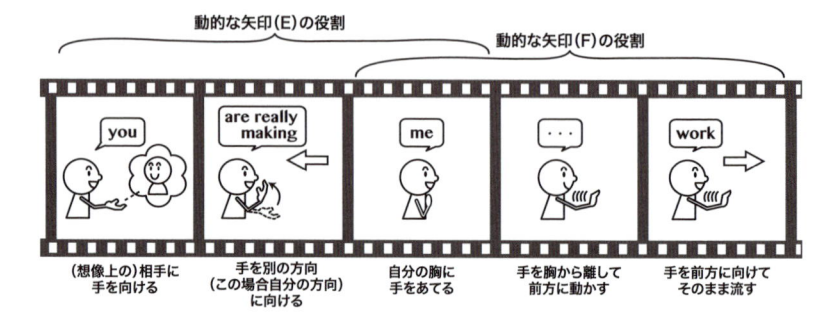

(想像上の)相手に手を向ける／手を別の方向(この場合自分の方向)に向ける／自分の胸に手をあてる／手を胸から離して前方に動かす／手を前方に向けてそのまま流す

　今回は見えない矢印と work が組み合わさっています。ここでも見えない矢印（F）の正体は **me を通過した動的な矢印（E）の余波**です。この場合は me なので、正確には私の胸にぶつかって跳ね返った勢いといったほうがいいかもしれません。この勢いが me を引っ張る役割を果たしています。そして動詞の原形 work の矢印はあて先がないので、動作をそのまま流します。

　ここで注目して欲しいのは You're really making me work. に I want you to deliver the documents. で引っ張る役割を果たしていた to がないということです。このような to の有無はよく使われる表現かどうかが関係しています。「聞き慣れている表現だから、もう to はなくても理解できるだろう」という感覚です。そういう**慣用の力**があるので、make の場合は to がなくても me を引っ張ることができるのです。

　なお、この使役構文もかつては「make 人 to do」の形をとっていたようです。実際にシェイクスピアの戯曲には「make 人 to do」形式の英文が見受けられます。
　make の他に to を必要としない動詞として let、have、help などがあります。かつてのネイティブが感じたように「わざわざ声に出して言うのも面倒くさいな」という気持ちを意識しながら、to を入れなくなった使役構文に慣れていっていただければと思います。

日本語訳

恵子　（手でサイズを作り）これぐらいの大きさのオリーブオイルをお願いね。
太郎　別に普通の油でいいじゃん。
恵子　オリーブオイルじゃなきゃダメなの！　はい。お金。
太郎　本当に人使い荒いんだから。

「ほのぼの家族」Story.1『おつかい』より

☕ Coffee Break

今井 僕が最初に英会話を勉強し始めて困ったのが「何々して欲しいなあ」っていう表現なんです。友だち相手に「それを取って欲しい」とかって言うときなんですけど、「Would you...?」とかだとおかしいんですよね（笑）

遠藤 すごく丁寧に依頼してる感じになりますね。

今井 そうなんです。ちょっと距離感がありすぎるみたいですね。「Would you mind...?」とかって言うと「え、何？」ってなってしまうんです。だから友人同士で「それを取って欲しい」とかっていうときは I want you to pass it to me.（※）とかって言うんですけれど、これが不思議だったんですよ。あんまりこの言い方って僕は学生時代に習った記憶がなかったので。だから本当に自分自身が使うときになって I want you to とかって言うと、ちょっと違和感があったんですよね。

遠藤 なるほど。おそらく I want you というふうにそこで意味をとってしまうと「あなたが欲しい」になってしまうと思うからですね（笑）

今井 そう。それを男とかに言っちゃうと、ちょっと危ない感じですよね。でも英語ではひとつの単語に2つの役割をもたせることがあると聞いてようやく納得できました。want が you を通り越して to pass まで影響しているようなイメージですね。

　他にも「ちょっと俺に説明させてくれよ」とかって言う場合は let me explain なんですけど、それも動（let）→静（me）→動（explain）となって理にかなってるなぁと感じました。

遠藤 そうですね。**日本人が理解しにくいのは「受けて流す」部分**だと思います。I want you to deliver the documents. で述べたように、you の部分が2つの役割を担っているところです。you が want を受けながら、さらに you to deliver で「あなたが運ぶこと」というふうに行為の主体になる。日本語的にはどうしてもそう解釈せざるを得ないんですよね。

今井 風車みたいな感じですよね。

遠藤 そうそう、回っているんですよね。それを I want you で止めてしまうと、そこで止まってしまうから「あなたが欲しい」となってしまって、

聞く人によっては「勘弁して下さい（笑）」となるわけです。ただ普通ネイティブは「I want のあとに人がきたら、そのまま流すだろう」と思うから、次の言葉を待つわけなんですけどね。

　そのように you で止めずに言葉を続けることで、you がそのままの流れで次の to deliver the documents にいくわけです。このように英語は単語を並べていって話の流れをつくっているんです。

今井　そう考えると「てにをは」を外した片言の日本語で理解するぐらいに留めておいたほうがいいって気がしますね。例えば「I shot an enemy.」を綺麗に日本語訳するんだったら「私は敵を撃った」ですが、それを「私、撃った、敵」に留めてその不自然さに慣れるべきですね。

遠藤　ここは私たち日本人が越えなければいけない壁だと思います。今井くんはネイティブと英語で話しているときに日本語訳していないですよね？

今井　してないです。

遠藤　そうですよね、全くしないはずなんです。しかし、初心者は日本語訳をしてしまうんです。聞くときも話すときも日本語と対応させてしまうわけです。この癖が抜けない限り英会話はできないと言ってもいいと思います。

　この章でなぜこんなに英語の原始的な構造を説明したかというと、英語を英語のまま理解できるようにするためです。**「てにをは」のない英文の意味がわかるようになる**ためなんですね。

　最初から英語を英語のまま理解できない部分はあると思うので、今井くんの言ってくれたような単語の直訳を並べるというステップも必要だと思いますが、徐々に I want you to deliver the documents. と言われたら、そのまま日本語訳せずに「OK.」と答えられるようになってもらいたいわけです。そして日本語訳を考えなくても「実際に英単語を並べたら意味の通じる英文がつくれた！」ということを徐々に経験していってほしいのです。

　究極は「なんか勝手に英語が口から出てきちゃった」となるのが一番だと思います。日本語訳なんて全く思い浮かんでないけれども言いたいことが口から英語で出てくる。そういうふうに日本語が介在する度合い

が低くなっていけばいくほど英会話はしやすくなってくると思います。

今井 僕はもう口から勝手に英語が出てくる感じですね。ただ、こうなったのはもともと僕が怠け者だということが一番の原因だと思っています。

遠藤 どういうことですか？

今井 5、6年前にどうしても英会話をやらなくてはいけない状況に追い込まれたんですが、そんな状況でも何とかして楽をしたいと考えていたんです。それであるときに「そんなに正確じゃなくてもいいや」と思って、**日本語に戻って確認することを止めてしまったんです。**

　すぐにカチッと切り替わるわけじゃないんですけどね。それでも「なんか面倒くさいな」って思い始めてきたころは、日本語で考えなくなった割合が増えてきてるときだったと思うんです。今になって思えばですけれど。

　そうすると、もう僕は楽なほうに流れてしまうので「ああ、じゃあもういいや」という感じで英語を話すときには日本語を考えなくなっていって。最終的に英語だけで話しているし、聞いているという感じになったんです。

遠藤 今井くんはある意味すごく正しい順序で英会話の習得を進めることができたのだと思います。しかし面白いのは、今井くんは英語が読めないというところです。英語を話せるのに読めないなんてことが、あり得るのかと日本人は思ってしまうわけですけれどね。

　私たちは学校教育で「読む、読む、読む」をやっているのでその延長線上に「話す」があるんだと勘違いしてしまっています。しかし、実際には必ずしも「読む」延長線上に「話す」があるわけではないのです。第二言語の場合は同時進行的に学ぶパターンが多いのですが、少なくとも読めなければ話せないなんていうことは絶対にありません。

　話を戻すと、英語を話すためにはどこかのタイミングで日本語訳から離れないといけません。徐々に徐々に減らしていかないといけない。今井くんの場合は怠け者だったから功を奏したんだと思います。でも英語を話せるようになった人は、実際はほとんど同じパターンだと思います。気がついたらそのまま日本語訳せずに話すようになっていたという。

　どうしてかというと、日本語的なものの見方と英語的なものの見方は

やはりずれているからです。1つの物事を2つの方向から同時に見ることはできないですよね。現実を違う順序で同時に捉えることもできません。どちらか1つに絞られてくるのは当然です。日本語と英語を同時に両立させようとすると、いつまでたっても英語の世界に浸れなくなってしまいます。英語を使うときは日本語をいったん捨てるという気持ちが必要になってくると思います。

※**監修者注記**

　I want you to pass it to me. は間違いではありませんが、ネイティブはこのような友だち同士でのやり取りでは Pass it to me. と命令文を使います。今井くんの使った want は直接的な表現になり、逆に子どもっぽい印象を与えてしまうので注意してください。

第9章　英語の原始的構造

第10章 モノの表現方法（冠詞と名詞）

第1節　モノの表現方法

　第 10 章ではモノの表現方法について説明します。
　英語は静と動の組み合わせで捉えることができます。その「動」についてはこれまでかなり説明してきましたが、「静」については説明していませんでした。この第 10 章では「静」の部分、つまりモノの表現方法について掘り下げて説明をしていきたいと思います。
　特に日本語に存在しない冠詞に注目して、英語ではモノをどのように見ているのかを考えていきます。

1 冠詞の有無による違い

　冠詞は何を表しているのでしょうか。それを知るためにいくつかの例を挙げて考えてみましょう。

fish 対 a fish
　(1) I ate a fish last night.
　(2) I ate fish last night.

　例文 (1) (2) は冠詞 a があるのかないのかというだけの違いです。そしてどちらの文章も「昨晩、魚を食べた」と訳せます。しか

し、その「魚」が表しているモノは全然違っているのです。

まず例文（1）では「水中で泳いでいる姿のままの魚」を表しています。ピチピチ跳ねているような魚をそのまま食べたという意味です。

次に例文（2）では「魚料理」を表しています。魚は切り身になっていてもすり身になっていてもかまいません。それを焼いたり煮たりしたものを食べたという意味になります。

このようにまったく情景が違います。なぜここまで違ってしまうのでしょうか。それではイメージで捉えてみましょう。

I ate a fish last night.　　VS　　**I ate fish last night.**

a fish には「輪郭のある魚」が描かれています。一方、fish には「輪郭のない魚」が描かれています。「輪郭のない魚」は「魚肉」を表しています。魚肉を食べたということは、つまり魚料理を食べたということです。

room 対 a room

(3) a room
(4) room

a room は「部屋」を意味しており、room は「空間、スペース」を意味しています。a のあるなしで、なぜこのように違ってしまうのか考えてみましょう。

a room vs **room**

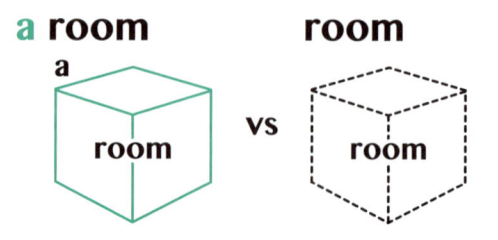

　a room が「部屋」という意味であることはご存じでしょう。そしてイメージにあるように「部屋」は「枠に囲まれている空間」ということでもあります。

　そうすると room は「枠に囲まれていない部屋」となります。つまり部屋から枠を取り除いたあとに残っているものなので、room は「空間、スペース」という意味になるわけです。

work 対 a work

(5) work
(6) a work

　work は「作業」を表しています。一方で a work は「作品」を表しています。これについても、なぜこのように意味が違ってしまうのか考えてみて下さい。

　それではこれもイメージで捉えてみましょう。

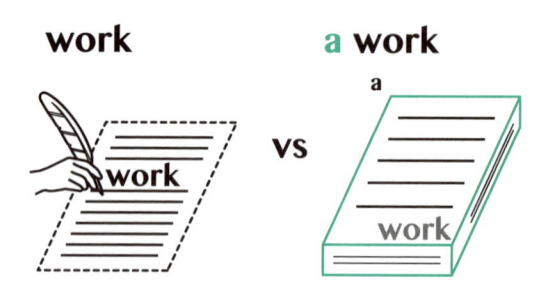

work vs **a work**

　work は何かをつくる作業が描かれており、a work はその作業の結果できた輪郭のあるモノが描かれています。輪郭があるということは、触って手に取ることができるということなので「作品」に

なるわけです。

　いま3つの例（fish 対 a fish、room 対 a room、work 対 a work）を挙げました。これら全てに共通しているのは、**冠詞 a は外枠や輪郭を表している**ということです。そして名詞（fish、room、work）は中身を表していたわけです。

2 英語は外枠から中身への順序

　英語はモノを表すときに外枠（輪郭）と中身をわけて表現します。そして、そのモノに外枠がある場合は**外枠から中身という順に述べていく**のです。さきほどの例文で確認してみましょう。

I ate a fish last night.

　体を使ってイメージを深めてみましょう。
　1．I と言って、自分の胸に手をあてます。
　2．ate と言って、手を自分の胸から離して前方に向けていきます。
　3．a と言って、手でくるっと球をつくります。手で触れる輪郭をかたどります。
　4．fish と言って、球の中に中身（要素）を出現させます。

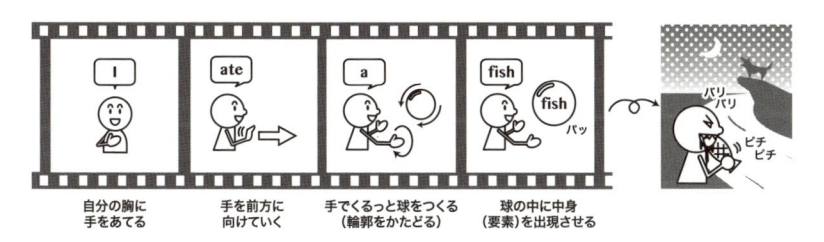

ｺﾏ1	ｺﾏ2	ｺﾏ3	ｺﾏ4
自分の胸に手をあてる	手を前方に向けていく	手でくるっと球をつくる（輪郭をかたどる）	球の中に中身（要素）を出現させる

　ポイントは a と言ったときに、手でくるっと球をつくるような動作をして輪郭をかたどってから、fish でその球のなかに魚の中身（要素）を出現させることです。この手順によって a fish という言葉が、

聞き手の頭の中で「水中で泳いでいる姿のままの魚」という輪郭をともなった絵につながります。

これで全体を通すと日本語訳としては「私は昨晩、（ピチピチ跳ねているような）魚を食べた」となるわけです。

I ate **fish** last night.

この例文も体を使ってイメージを深めてみましょう。
1．I と言って、自分の胸に手をあてます。
2．ate と言って、手を自分の胸から離して前方に向けていきます。
3．fish と言って、手を魚の中身に向けます。

自分の胸に手をあてる　　手を前方に向けていく　　手を魚の中身に向ける

ポイントは a がないのでいきなり fish と述べて魚の中身を出現させていることです。聞き手は fish だけを聞くことになるので、それだけで「魚肉」という絵になります。これで日本語訳としては「私は昨晩、魚肉（魚料理）を食べた」となるわけです。

このように英語では何かモノを見たとき、中身が何なのかを述べる前に外枠や輪郭を述べます。外枠や輪郭をかたどった上で中身を表現するのが英語の表現順序なのです。

※外枠や輪郭を表す言葉は「**限定詞**」と呼ばれます。これは1980年代後半から出てきた文法用語ですが、その中には「冠詞」や「所有格代名詞」、「数詞」などが含まれています。

一方、**私たち日本人はモノの外枠や輪郭をそれほど強く意識していません**。言語的にもいちいちそれを表現する習慣はありません。それは2つの例文の日本語訳を見てもわかります。どちらも「昨晩、魚を食べた」といっているだけです。

　日本人は「魚」という言葉を「魚肉（中身）」の意味でも、「水中で泳いでいる姿のままの魚（輪郭＋中身）」の意味でも使います。これはモノの輪郭を無視しているからこそ可能なことなのです。

　外枠や輪郭を意識しないことは、**単数と複数を区別しない**ことにもつながります。例文で確認してみましょう。

（7）I went to Tokyo to see a friend.
「私は友だちに会いに東京に行きました」

I went to Tokyo to see a friend.

（8）I went to Tokyo to see some friends.
「私は友だちに会いに東京に行きました」

I went to Tokyo to see some friends.

（9）I went to Tokyo to see three friends.
「私は3人の友だちに会いに東京に行きました」

I went to Tokyo to see three friends.

　まず英語のほうを確認すると、それぞれ a friend（単数）、some friends（複数）、three friends（複数）と外枠や輪郭が別の表現になっています。なお、some は「ぼんやりとした」が基本イメージの外枠です。some friends で「ぼんやりとした数の友だち」となり「何人かの友だち」（複数）という意味になります。

　次に日本語のほうを確認すると、それぞれ「友だち」（単数）、「友だち」（複数）、「3人の友だち」（複数）となっています。英語との対応状況を次の挿絵で確認してみましょう。

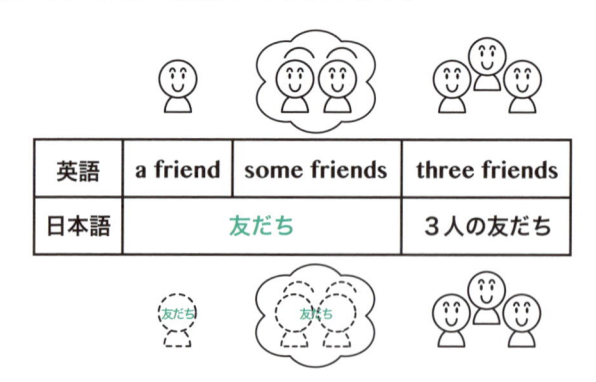

英語	a friend	some friends	three friends
日本語	友だち		3人の友だち

　日本語が外枠や輪郭を意識していないのは a friend も some friends も「友だち」と表現していることからわかります。友だち一人ひとりの輪郭を意識しているのであれば単数と複数で表現を変えるはずだからです。これは見方を変えると、日本語では基本的に境界をもうけないため「友だち」（中身）をどこまでも広げていくことができる、とも言えるでしょう。

　ただし、例文（9）では「3人の友だち」という表現になってい

るので、日本語も具体的な数を表現したいときは数を明示することがわかります。しかし「3人の友だち」は「友だち3人」と表現することもできるので、日本語は英語のように枠や輪郭を設けてから中身をいれているわけではない、ということに注意が必要です。

以上から、日本語では基本的に「外枠や輪郭を意識せず中身だけを見る」ということが言えます。日本人は外枠や輪郭に対する意識が言語的に習慣づけられていないのです。

第10章 モノの表現方法（冠詞と名詞）

Coffee Break

今井 英語のモノの表現方法が外枠から中身にいくという話がとても面白かったですね。僕は結構 a を無視してしゃべったりするんですよ。a なんて僕にとってはどうでもいいことなんです（笑） でもそれを聞いたネイティブからすると、言いたいことは何となくわかるけど、やっぱりおかしいらしいんですよね。その理由が僕にはわからなかったんです。

遠藤 a がないとおかしいという感覚を身につけるのは、日本人にとってはなかなかむずかしいですね。まして a をちゃんと説明されたことがないと思うのでなおさらです。でもネイティブが使えているということは、やはり何かしらの自然さがあるわけです。

今井 しかし、何かモノを表現しようとしたときに、こんなに日本語と英語で考え方が違うものなんですね。

遠藤 こういった表現方法は文化にも影響を及ぼしていると思います。「西洋絵画」と「日本画」を例に考えてみましょう。美術館にある西洋絵画を思い浮かべるとわかると思いますが、西洋絵画では額縁つまり「枠」が立派ですね。枠がせりだしていて「絵」がその中にあります。一方で日本画の掛け軸は「枠」というものがなくて台紙の上に「絵」をはりつけています。

　これは日本語・英語におけるモノの表現方法とよく似ています。外枠から中身への順でモノを表現する言語が、絵画を立派な額縁に入れるという文化に影響を与えたのではないか、と考えてみると面白いと思います。

今井 確かに言われてみると西洋絵画は枠がせりだしていますね。これまで絵を見るときに額縁に注目したことなんてなかったですね。

遠藤 私たちが西洋絵画を理解できないかというとそんなことはありませんよね。私たちは額縁に目がいきにくいというだけです。

　それと同じように英語においても外枠に目を向ける習慣がないだけです。外枠をまず見るように意識していれば身についてきます。外枠を見ることが習慣化できれば、それが自然なことだと感じるようになってきますよ。

第2節　枠のある表現

　英語ではモノを表現するときに外枠から中身の順番で表すと述べました。日本語ではこの外枠を無視してしまうので、英語を日本語訳するときも大体訳出しないで済んできたわけです。

　しかし英会話ではこの外枠を無視するわけにはいきません。英語には外枠を表現する a などの言葉が現にあり、どんな会話にも出てくるからです。そこで、ここではその代表的な外枠である「one」と「a」と「the」の３つを取り上げて基本イメージを解説していきたいと思います。

1 one（数詞）

<u>One</u> chicken is crossing the road.

　この例文が表す情景は前後の文脈によって変わってきます。しかし、文脈なしにこの文を見たとき、まずどんなイメージをもつかを考えてみましょう。

　日本人なら、単に１羽の鶏が道路を横切っている状況が頭に浮かぶと思います。その絵にはもちろん鶏は１羽しか登場していないでしょう。しかしネイティブの多くがこの文を読んだときに思い浮かべるのは、何羽かの鶏がいてそのうちの１羽だけが道路を横切っているような状況です。

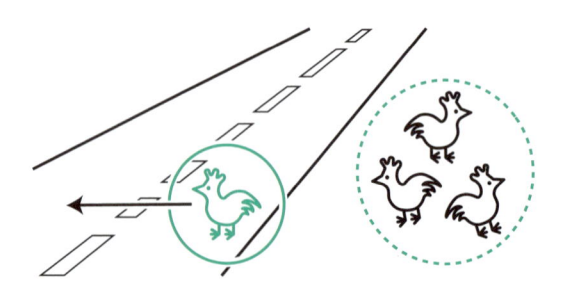

ずいぶんイメージが違いますね。日本人は one から「1」という以上のニュアンスを受け取りませんが、ネイティブはそれ以上の**「唯一」とか「独自」というニュアンス**を受け取ります。

「唯一」は「数いる鶏の中で唯一この鶏だけが」という量的な1です。「独自」は「ほかの鶏は野原でミミズをあさっているのに、この鶏は独自の行動をしている」という質的な1です。そういった「1」を強調するニュアンスが「one」の基本イメージです。

この one は外枠なので、one と述べたときに唯一や独自を表す外枠が設定されます。次の chicken でその枠の中に chicken を入れます。こうして one chicken で「複数の鶏がいて、そのうちの1羽の鶏だけ」というイメージが生じるわけです。

One chicken is crossing the road.

それでは英文を見てネイティブが思い浮かべる状況ではなく、反対にネイティブがそういう状況を見て、この英文のように描写するプロセスを分析してみましょう。

まずネイティブが「複数の鶏がいて、そのうちの1羽の鶏だけが道を横切っている」という情景を見たときに、どのようにその情景を捉えるかというと、「1つだけ明らかに違うことをしている物体が存在している」と捉えます。

いま「物体」と表現したように、この段階ではネイティブはその物体が鶏であるのか、別の例えば犬や猫であるのかといった中身は厳密に言うとまだ考えていません。見ているのに考えていないというのは少し変ですが、あくまで「1つだけ違うものがいる」ということをネイティブは思うわけです。その1つだけ浮き上がっているものに対して「唯一・独自」という意味合いをもった「one」という外枠を使うわけです。

2 a/an（不定冠詞）

A chicken is crossing the road.

　この a/an は日本人にとって非常に理解しにくい単語です。まずは成り立ちから探っていきましょう。

　不定冠詞 a/an は数詞 one と語源が同じ単語です。ちなみに、いまでもフランス語では不定冠詞 un と数詞 un は同じ1つの単語です。つまり元々1つの単語だったものが英語では a/an と one にわかれたのです。だから **a/an と one はお互いに補いあう関係にある** ともいえます。

　one と語源が同じなので当然 a/an も数字の「1」に関係しています。one は「唯一・独自」が基本イメージでしたが、もう一方に分化した a/an の基本イメージは何なのでしょうか。

　a/an は「普通」とか「典型的」というニュアンスを表します。この a/an が表す「普通・典型的」はどこにでもある、よくあるような1つのモノを表しています。one のような「唯一・独自」を強調するニュアンスと対極にあるのが a/an の基本イメージなのです。

　それでは例文に戻って解説をしましょう。まず a は外枠でした。a と述べたときに **普通や典型を表す外枠を設ける** わけです。次の

chicken でその枠の中に chicken を入れます。

A chicken is crossing the road.

a｜普通・典型｜chicken

　したがって「1羽の普通の鶏が道を横切っている」が直訳で、自然な日本語訳にすると「鶏が道を横切っている」となります。

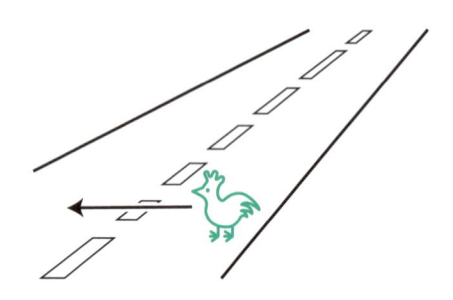

　それではネイティブが「1羽の普通の鶏が道を横切っている」という情景を見たときに、どのようにその情景を捉えるか考えてみましょう。

　ネイティブがこのような情景に出くわしたときは「よく見かける外見の生き物がいる」と捉えます。この段階ではネイティブはまだその物体が鶏かどうかは考えていません。「これまでになんか見たことがあるぞ」「どこにでもいそうだな」というような感覚から、「普通・典型」という意味合いをもった「a」という外枠をもってきます。

　そのあと外枠 a に対して中身に chicken を入れることで「1羽の普通の鶏」を表現しているわけです。

　この場合は one と違って、周りに他の何かがいるのかどうかはわかりません。この a が言っていることは特別ではない、普通の、どこにでもありそうな外見のモノがあるというだけなのです。

　これを日本語訳するときには「1羽の普通の」という部分は訳出しません。そもそも日本語では外枠を無視してしまうので自然な日

本語にしようとするなら、そこを無視しないと「1羽」や「普通」という意味が強く出てきてしまうからです。

　このように日本語では無視される部分なので、どうしても日本人には馴染みにくいものです。実際の会話では、モノをパッと見たときに輪郭があればたいてい a を使っていればよく、何か特別な場合のみ one を使うようにするとよいでしょう。

3 the（定冠詞）

※再掲

N	Taro comes home from school and opens the door enthusiastically.
Taro	Mom, I'm home.
Keiko	You're back．You're just in time. Will you go to the supermarket for me?
Taro	Aw, I don't want to.

From「A Heartwarming Family」Story.1『Errands』

Taro comes home from school and opens the door enthusiastically.

　the は指示語の that と語源を同じくする単語です。つまり the door は a door のようなどこにでもある普通のドアではなく、話し手と聞き手の間で「あのドア」という了解が成り立っているドアです。お互いの間で同じものを指さす、つまり「ひとつに定まる」が the の基本イメージです。

第10章 モノの表現方法（冠詞と名詞）

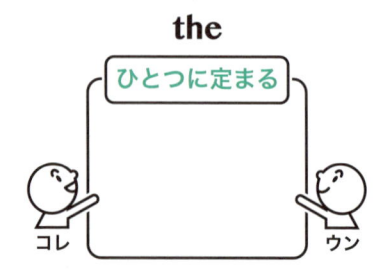

このように話し手だけではなく聞き手にも依存している点で the は a や one とは違っています。the は外枠なので話し手が the と述べたときに、**話し手と聞き手がお互いに同じものを指さしているような枠を設けます。**その枠の中に door を入れるのです。

Taro comes home ... and opens the door ...

話し手は the door と述べるときに「学校から帰ってきて開けるドアなんだから、the door が玄関であることくらいは当然聞き手もわかるだろう」と思っています。

　もちろん、話し手が「当然、相手はわかるだろう」と思って the を使っても、聞き手のほうはその the が何を指しているのかわからないことが起きたりします。話し手の一人合点や傲慢さが the の使い方に表われることもあるでしょう。さらに文化が違えば常識も変わってしまうので、日本人がネイティブの会話で出てくる the をちゃんと捉えるのは慣れるまで大変です。

　しかし、そういうことは日本人同士の会話でもあることです。「ねぇ、あの本返してくれない？」「あの本って？」などという会話は珍しくありません。

いま the door（玄関）という具体的なモノについて説明をしてきましたが、the は具体的なモノだけではなく抽象的なコトも表すことができます。the problem（その問題）や the idea（その考え）といった抽象的な事柄を指す場合はもちろんですが、一見具体的なモノを指しているようでいて、実はそうでない場合があります。

Will you go to the supermarket for me?

　この日本語訳は「おつかいに行ってくれない？」です。この the のところで話し手と聞き手が同じものを指さしてひとつに定まる枠を設けて、その中に supermarket を入れます。

Will you go to the supermarket for me?

the ／ ひとつに定まる ／ supermarket
コレ　ウン

　問題はこの the supermarket が何を意味しているかです。おそらく多くの日本人はお互いがあのスーパーとわかる「特定のスーパーマーケット」を指していると思うでしょう。しかし、この文脈では「the supermarket」は「特定のスーパーマーケット」ではなくて、「（買い物をする場所である）スーパーマーケット」を表しているのです。

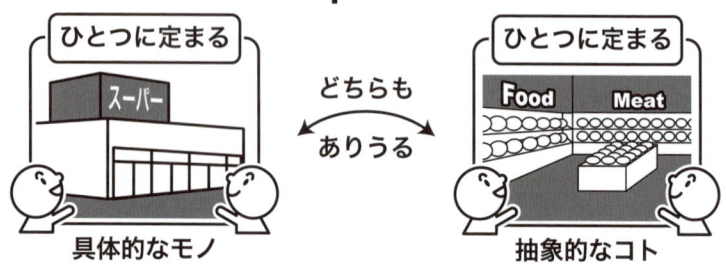

the supermarket

ひとつに定まる スーパー　**具体的なモノ**　← どちらもありうる →　**ひとつに定まる** Food Meat　**抽象的なコト**

　「あのスーパー（例えば、近くのイオン）に行ってくれない？」という意味ではなくて、どのスーパーでもいいから「(買い物をする場所である) スーパーに行ってくれない？」と言っているわけです。ここから「おつかいに行ってくれない？」という意味になるわけです。

　つまり、この the は一見すると具体的なモノに思える supermarket という名詞をその枠に入れていますが、具体的なモノを指しているわけではなく、**supermarket の機能という抽象的なコトを指している**わけです。このような抽象的なコトを指す例をもうひとつあげておきましょう。

I will go to the doctor.

　これを日本語訳すると「医者に診てもらいに行くつもりです」となります。「あの医者に行くつもりです」という意味ではないのです。

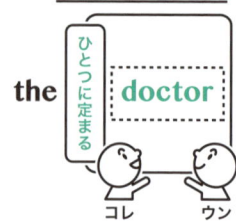

I will go to the doctor.

the〔ひとつに定まる〕 doctor　コレ　ウン

　the doctor は「特定の医者」を表しているのではなく「(診察

をする人である）医者」を表しています。つまり、人物としての doctor ではなく注射をしたり手術をしたりする医者の「機能」や「コンセプト」を指しているのです。

the doctor

ひとつに定まる　　どちらもありうる　　ひとつに定まる

具体的なモノ　　　　　　　　　　　抽象的なコト

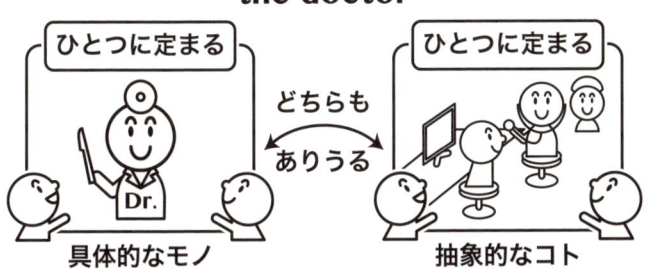

もちろん the doctor が「特定の医者」を表すこともあります。ただし、その場合は「I will go to see the doctor.」（あの医者に会いにいくつもりです）のように微妙に表現が変わります。

このように「the」というのは具体的なモノと抽象的なコトの両方を指すことができます。そして the がどちらを指しているかは話し手の言いたいことや、その言葉を使う集団の常識に依存します。**the は言葉を多く尽くさなくても済むようにするためのものなので、省略されている部分が必ず発生しています。**そこを理解することが聞き手に求められているのです。

日本語訳

N　　　太郎が元気良く玄関を開け、学校から帰ってきました。
太郎　　ただいま、お母さん。
恵子　　おかえり。ちょうどいいところに帰って来たわ。おつかいに行ってくれない？
太郎　　え〜。やだよ。

「ほのぼの家族」Story.1『おつかい』より

☕ Coffee Break

遠藤 枠のある表現というところで one、a/an、the という３つを取り上げて説明をしてきました。ここの部分で何か質問はありますか。

今井 意外と one が難しかったですね。鶏がたくさんいて、その中で１羽だけ外れて道を横切っているという話でした。説明されると「なるほど」とは思うのですが、それを One chicken is crossing the road. だけから発想できるかというと難しいですね。

遠藤 文脈がないと日本人には難しいでしょうね。ネイティブもたいていは１羽だけ外れている状況を思い浮かべますが、みんながみんなそう考えるわけでもありません。

例えば One chicken is crossing the road. Two dogs are sleeping under the tree. Three men are running along the river. という文章では、one chicken は「１羽の鶏」を表しているだけで、そこまで強い「唯一・独自」のニュアンスを表していません。

このようにその単語が使われている文脈のほうが、その文の意味に与える影響は大きいのです。本書で述べていることも、多くの文脈ではそのように解釈することができるという大まかな方向を述べているだけです。

そのため、みなさんにはやはり文脈という「全体」をまずは理解してもらいたいと思います。そこから単語の基本イメージや単語の配置によって生じる意味という「部分」を理解して、また全体に戻るというモデルで学んでいってください。

今井 文の背景はとても重要ですよね。文法さえ理解できていれば大丈夫という態度だと、そういう背景を知ることが面倒くさくなると思います。しかし、それでは結局ニュアンスがつかめなくなってしまいますよね。

遠藤 その通りですね。英会話とは結局はセリフの背景やセリフの表している現実を知ることですから。そこを軽視していては英会話ができるようにはならないのです。

少し話が変わりますが、冠詞について学校では「名詞に a や the を<u>つける</u>」と習います。これは良くない教え方です。単語の流れからみても

冠詞は名詞に<u>つける</u>ものではありません。正しくは**冠詞の枠に名詞を入れる**のです。

　当然ですが、名詞に a や the をつけているようでは英会話で a や the を使いこなすことはできません。冠詞抜きの文章をつくって、そこから名詞に冠詞をつけるといった複雑なことを会話でやっている暇はないのです。

　だから英語の「モノ」の見方、つまり「まず外枠、次に中身」に少しずつ慣れていく、そういうふうに見る癖をつけていくという姿勢が必要です。そうしないと a/an や the、one などを自分のものにするのは難しいと思います。

今井　冠詞の a の説明で「複数あると想定されるものの中から1つを取り出して述べるときに使う」と教わった記憶がありますが、なんかよくわからなかったですね。

遠藤　文法書ってときどきそういう訳のわからないことを言うから、みんなに嫌われるんです（笑）例えば I have a pen. と言った人が「このペンは複数あるようなペンの集合から1つを適当に取り出したものだから」と考えて a を持ち出してきたなどということがあるわけがありません。

　そうではなくて、単純に「普通だな」とか「そこらへんによくあるな」とか「特別じゃないな」という気持ちで、a を使っているだけなんです。英会話で大切なのは a をそのように捉えて使うことです。

　もちろん結果として「複数あるようなペンの集合から1つを適当に取り出した」ことになっていますが、さきにそのようなことを考えて文をつくっているわけではないのです。

今井　シンプルに話す順、聞こえる順に理解していけるような説明でないと納得出来ないですよね。

遠藤　英語に「KISS」という言葉があります。「Keep It Simple, Stupid!」の頭文字を取った標語なのですが、意味は「もっとシンプルにしろよ、バカ！」です（笑）

　もし英語の文法書を読んでいて複雑な部分があったら、この言葉でこき下ろすと精神衛生上いいかと思います。それくらい上から目線で文法書に向かい合ってもらいたいと思いますね。

第3節　枠のない表現

外枠や輪郭がなくて中身のみで表現される場合について説明します。

1 枠に入れない場合（単数形）

I ate fish last night.

この例文で fish は「魚の中身」、つまり「魚肉、魚料理」を表しています。しかし fish はそういう具体的なモノ以外も表すことができます。

Which type of fish would you recommend?

この例文は「どの種類の魚がオススメですか？」という意味です。この場合の fish は「魚肉、魚料理」ではなく具体的な姿を想像させない（＝具現化されていない）「記号としての魚」を表しています。

Which type of fish would you recommend?

I did not know that there are seasons for fish, too.

この例文は「魚にも季節がある（＝魚にも旬がある）とは知りませんでした」という意味です。この場合の fish も具体的な魚のことではなく「記号としての魚」を表しています。

I did not know that there are seasons for fish, too.

2 枠に入れることができない名詞

Could you bring me a glass of water?

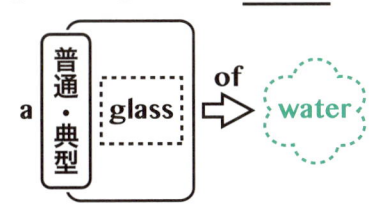

　water は a/an や one といった輪郭の中に直接入れることができません。その理由は water がどこまでも広がってしまうような連続体だからなのですが、このことを説明しましょう。

Could you bring me a glass of water?

Could you bring me a water?

　これは少しおかしい英文ですが、このように a water と表現するとネイティブがどう感じるかを再現してみましょう。

　まず a でどこにでもあるような輪郭であることを宣言し、そこに water という中身を入れようとしています。しかし、上手くその輪郭に収まってくれません。water はどこまでも広がってしまうような連続体なので **a の輪郭の外に出ていってしまう**のです。だからおかしいということになるわけです。

第10章 モノの表現方法（冠詞と名詞）

（誤文）
Could you bring me a water?

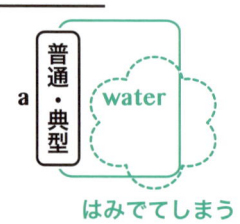

普通・典型 a / water / はみでてしまう

　しかし一方で正しい使われ方の a glass of water は、私たち日本人の口からはスムーズに出てきません。なぜこの表現がスムーズに出てこないのでしょうか。

　日本語訳は「お水を頂けますか？」です。レストランなどでよく使うセリフですね。もちろんこのセリフは、水という流動体がそのまま欲しいという意味ではなく、グラス1杯のお水が欲しいわけです。
　しかし、日本語では「グラス1杯のお水を頂けますか？」とは言いません。外枠の部分、この場合は「グラス」を無視して、中身の「お水」だけを表現します。このような日本語の特徴が a glass of water という英語の言い回しをスムーズに話せなくしていたのです。
　それではどうすれば a glass of water がスムーズに出てくるようになるのでしょうか。ポイントは**現実（リアルなシーン）を思い描く**ことです。目の前に「グラスに入った水」を思い浮かべて、それを外枠から中身という英語のモノを見る順で表現するのです。
　「グラスに入った水」のいちばん外枠は「グラス」です。ここでは別に特別なグラスが欲しいわけではありません。そういう気持ちを反映して普通の外枠である a を述べて、その a に入れる中身として glass を続けます。これで「（普通の輪郭をもった）グラス」が表現されます。その上でそのグラスと水を結びつけて of water と述べるわけです。

a glass of water

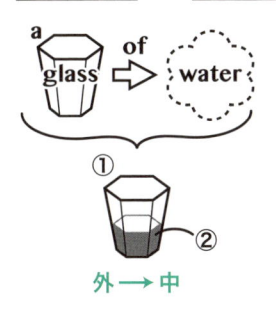

①
②
外 → 中

　このように現実をイメージしてそれを英語のモノを見る順で表現するのは、言い換えると**日本語の介入をなるべく排除する**ということでもあります。もし日本語訳から英文をつくろうとしたら、日本語訳に「グラス」がないので、英語でも「a glass」が抜けやすくなります。

　日本語訳を経由させると日本語と英語のズレているところで間違いが出てきます。なるべく日本語を排除して目に見えるリアルなシーンから英文を考えるようにすることが大切なのです。

　また「お水をください」はいつも a glass of water とは限りません。a bottle of water と言うときもあるでしょう。フレーズの丸覚えではなく現実の場面から water の輪郭をきめるようにしましょう。

　ただし実際には完全に日本語を排除することはできませんし、リアルなイメージをつくりあげることも簡単ではありません。だから日本語に頼りながらも、間違いに出会ったときは丁寧にイメージをつくりあげて理解していく、というのが現実的なやり方になると思います。

　イメージをつくりあげる方法は頭で考えるだけではなく、実際に体を動かしたり、「グラスに入った水」などを準備したりしてみるとよいでしょう。そうするだけで日本語では見えなかったものが見えるようになってくることがあります。手間はかかりますが、そのようにひとつひとつおさえていきましょう。

第10章 モノの表現方法（冠詞と名詞）

3 枠に入れない場合（複数形）

I really like dogs.

　最後に複数形の場合を確認しておきます。複数形のdogsは、はっきりした輪郭をもっていません。これは**境界線がなく集合として「どこまでも広がっていく」**という意味でもあります。
　そのため、この例文は「私は本当に犬が大好きなんです（どんな犬であろうが、犬だったらすべて大好き）」という意味になります。このように複数形のdogsはdog全体を表す働きをします。

I really like dogs.

　見方を変えると、このdogsも1つの名詞になります。名詞は基本的に「中身」を表しているので、dogsもdogと同様に「中身」しか表していないと見ることができます。そのため境界線を明示したい場合は外枠を設ける必要があるのです。
　例えば「three dogs」といったように最初に3つの輪郭をもってきて、その中にdogsを入れることで具体的な「3匹の犬」という輪郭を型取るわけです。
　このような**外枠や輪郭を設定しなければ無制限に広がっていくのが複数形**なのです。

　さてwater単体とdogs単体の説明で「どこまでも広がっていく」ということを述べました。waterはそのままで、dogsは複数形にすることによって、どこまでも広がっていけるわけですが、簡単に

その理由を説明しておきましょう。

まずwaterはその言葉のなかに境界線の情報をもっていないのでwater単体でそのままどこまでも広がっていくことになります。一方dogはその言葉のなかに犬のシルエット（境界線）という情報をもっています。そのため単数形のdog単体は「どこまでも広がっていく」ものではありません。しかしこれを複数形のdogsにすると今度は集合としてどこまでも広がっていくことができます。

つまり、境界線をもたないモノはそのままで、境界線をもつモノは複数形にすることで、どこまでも広がっていくことができるのです。

☕ Coffee Break

今井 a glass of water はとても納得がいきました。ただ、たまにネイティブが Give me water! と言っていることがあるんですが、これはどう解釈すればいいんですか？

遠藤 砂漠で倒れて「水をくれ！」というようなときはネイティブも Give me a glass of water! なんて悠長なことは言わないでしょうね。グラスだろうとバケツだろうと、とにかく「水分」がほしいわけです。夏の炎天下で「水をかぶりたい！」というときなども Give me water! と言うかもしれません。

　こういう水の機能そのものが今すぐ必要だとか、たっぷりぶっかけてほしいというような、ある意味せっぱつまった状況で使うセリフだと思います。だからレストランなどで Give me water. と言うと非常に場違いになるのです。もちろんそう言ったからといって、ウェイターはバケツで水をぶっかけたりせずに a glass of water を持ってきてくれるとは思いますが…。

今井 なるほど。確かにそんな状況だったかもしれません。

　あと water は輪郭をもっていませんが、coffee も同じですよね。輪郭をもたないと複数形にはできないと思うんですが、ネイティブは Two coffees, please. とか言っています。これはどうなんですか？

遠藤 レストランやコーヒー店で注文するときは Two coffees, please. で問題ありません。これは提供メニューとしての coffee をイメージしているわけです。具体的に言えば、そのお店のロゴが印刷されているコップに入っているコーヒーをイメージして Two coffees と複数形にしているのです。

　いわば**そのお店に入った時点で coffee には、そのお店のコップに入っているコーヒーの輪郭が与えられている**のです。

今井 なるほど。ネイティブもけっこう自由に英語を使っているんですね（笑）。

第4節 「先に結論、後で説明」と「外枠から中身へ」

　英語の大方針「先に結論、後で説明」は中心から周辺という動きを表していましたが、モノの表現方法「外枠から中身へ」は外から中へという動きを表しており、一見すると逆のことを述べているように感じられると思います。これらが英文のなかでどのように表現されるのか確認しておきましょう。

N	On Yoko's last night in San Francisco, John invites her to dinner. <u>They go to a casual but fashionable restaurant on the top floor of a skyscraper in San Francisco.</u> From the large windows, they can see the Bay Bridge connecting San Francisco to Oakland on the other side of the bay.
Yoko	Thank you for inviting me, John.
John	I wanted to see you before you left.

From「In San Francisco」Story.8『A Night in San Francisco』

They go to a casual but fashionable restaurant on the top floor of a skyscraper in San Francisco.

　この例文が英語の大方針「先に結論、後で説明」と、モノの表現方法「外枠から中身へ」をどのように表現しているのかイメージ図で確認してみましょう。

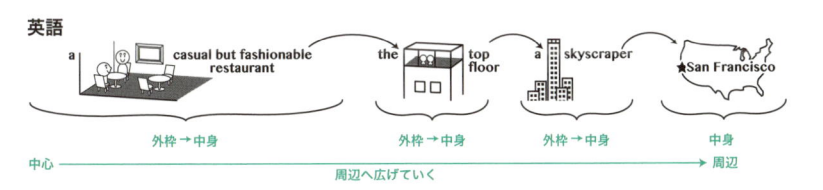

イメージ全体としては英語の大方針「先に結論、後で説明」に沿って場面の中心から周辺へと状況が推移していることがわかります。しかし、それぞれの状況を表している「a casual but fashionable restaurant」「the top floor」「a skyscraper」ではモノの表現方法「外枠から中身へ」に沿っていることもわかりますね。

　それでは比較するために日本語訳がどのように表現されているのかイメージ図で確認しておきましょう。

「サンフランシスコの高層ビルの最上階にあるカジュアルだけれどお洒落なレストランに行きます」

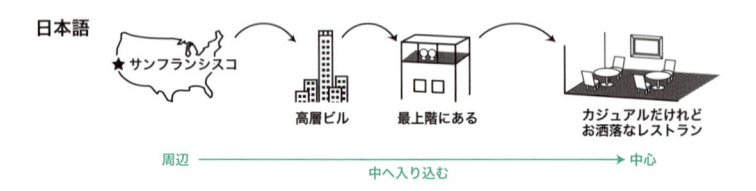

　イメージ全体としては日本語の大方針「先に周辺、後で結論」に沿っています。また、それぞれの状況を表している「サンフランシスコの」「高層ビルの」「上にある」「カジュアルだけれどお洒落なレストランに」と外枠・輪郭を無視しているのでスムーズに中に入り込んでいっていることがわかります。

　このように比較してみると日本語のほうが言葉の流れはスムーズです。英語は全体としては「中心から周辺へ（中→外）」と進みますが、それぞれの状況を表すときに「外枠から中身へ（外→中）」と逆の動きをしています。

　つまり、英語は「静的なモノ」を「外枠から中身へ」の順で表現していき、その静的なモノの間を「動的な矢印」でつなぐことで「中心から周辺へ」と広げていくのです。

	日本語訳
N	サンフランシスコでの最後の夜、ジョンは洋子をディナーに招待しました。高層ビルの上にある、カジュアルだけれどお洒落なレストランです。大きな窓からは、サンフランシスコと対岸のオークランドを結ぶベイブリッジがきれいに見えています。
洋子	誘ってくれてありがとう、ジョン。
ジョン	最後に会いたくなって。

「サンフランシスコにて」Story.8『サンフランシスコの夜』より

第5節 【Advance】名詞の起源

"fish" or "a fish"?

次の7つのイラストを見て、それぞれの場合にネイティブは fish と言うか a fish と言うかを考えてみましょう。「意外！」と思うものもあるかもしれませんよ。

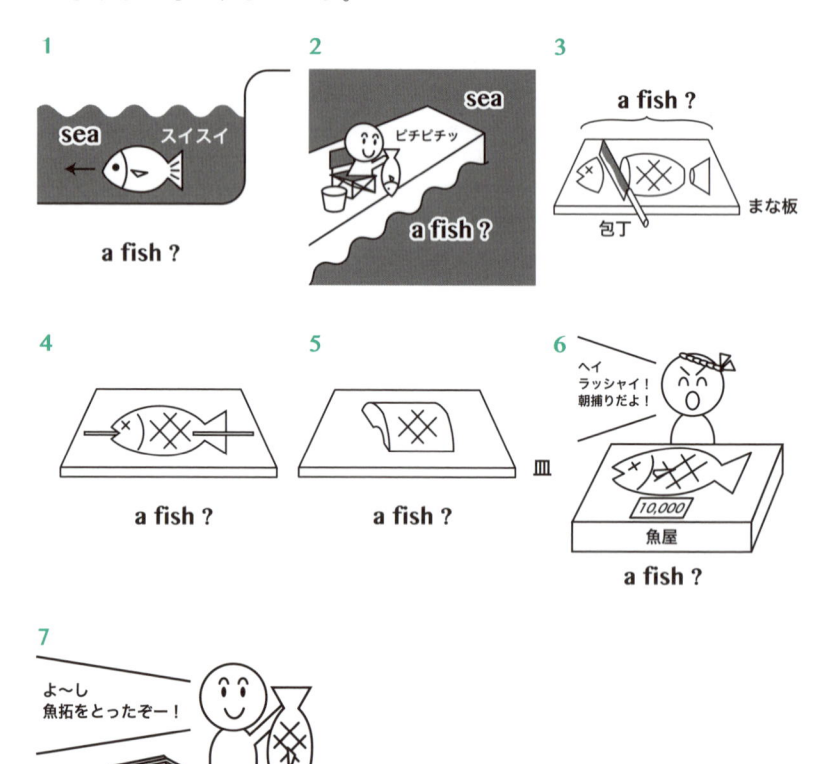

1 sea／スイスイ／a fish ?

2 sea／ピチピチッ／a fish ?

3 a fish ?／包丁／まな板

4 a fish ?

5 a fish ?／皿

6 ヘイ ラッシャイ！朝捕りだよ！／10,000／魚屋／a fish ?

7 よ〜し 魚拓をとったぞー！／a fish ?

答えは本章の最後に掲載しています。

☕ Coffee Break

今井 学校で可算名詞や不可算名詞という言葉を聞いた覚えがあるのですが、fish でいえば「泳いでいる姿のままの魚」や「魚料理」はどういう扱いになるんですか？

遠藤 「泳いでいる姿のままの魚」が可算名詞の場合の意味に分類されて、「魚料理」は不可算名詞の場合の意味に分類されますね。

今井 ここで僕はわからなくなるんです。だって、「魚料理」って数えられるじゃないですか。なんで「魚料理」は数えられない名詞なんですか？

遠藤 それは多くの日本人が一度は思ったことがある疑問だと思います。まずは、みなさんが可算・不可算という表現に出会う辞書で、fish がどのように書かれているのかを見てみましょう。

---

fish 　【可算】（泳いでいる姿のままの）魚
　　　　【不可算】魚肉、魚料理

これを見たら大半の人は「なぜ魚肉や魚料理は数えられないのか？」と今井くんと同じ疑問を感じるはずです。本来は次のように書くべきなのです。

---

a fish 　泳いでいる姿のままの魚（輪郭＋中身）
fish 　　魚の中身、魚肉、（慣例的に）魚料理

「可算」は a fish に対応し、「不可算」は fish（単体）に対応しています。

さきほどの疑問がでてくるのは、私たちが**「魚料理」という日本語について考えていることが原因**です。辞書には fish（単体）で用いられるときが「魚料理」だと記載しているのに、私たちは日本語の「魚料理」が数えられるとか数えられないとか言っているわけです。

しかし、これはまったく意味のないことです。日本語の世界では「魚料理」は1品、2品と数えられるものですが、そのことと fish（単体）の意味が「魚料理」になることは無関係なのです。

今井 なるほど。確かにいま僕が悩んでいたのは日本語の「魚料理」が数えられるかどうかでしたね。これは気がつきませんでした…。

第10章 モノの表現方法（冠詞と名詞）

遠藤 これも a glass of water と同じく日本語を介したために、日本語に引きずられてしまっている例です。そのため、この場合もポイントは現実（リアルなシーン）を思い描くことにあります。

では現実の「魚料理」を見て、どのように考えれば fish（単体）という表現と結びつけることができるのかを考えてみましょう。

ネイティブは「魚料理」を見たときに、「魚（a fish）の中身」だから「fish」だと表現します。たとえ魚料理が何品もあったとしても、彼らにとってはあくまでも「魚（a fish）の中身」でしかありません。

このようにネイティブが fish（単体）という言葉を使うときには、その前提として a fish が何を表しているのかが脳裏をかすめています。a fish が「泳いでいる姿のままの魚」であることがわかっていなければ「魚料理」を見たときに fish（魚の中身）と述べることはできないのです。

私たちのように第二言語として英語を学ぶ者にとって難しいのは、このような前提がわかりにくいことです。つまり、その名詞が現実の「何」から生まれたのかが把握できていないわけです。

いま fish という名詞を挙げましたが、この名詞は現実に泳いでいる魚を a fish と名付けたことがすべてのはじまりになっています。そこから fish（単体）の意味「魚肉、魚料理」が同時に生まれたわけです。

しかし、私たちが a fish よりも先に fish に出会ってしまったら、fish の意味が何から生まれたのか想像しようがありません。そのため「なぜ fish で『魚料理』という意味になるのだろうか？　魚料理の意味で使われる fish はなぜ a をつけないのだろうか？」という疑問を覚えるのも当然なのです。つまり、その名詞の起源がわからないと名詞単体が表す意味がつかめないわけです。

さきほど本来あるべき辞書の書き方として a fish をさきに述べているのは、名詞の起源をまず示すことが大切だからです。fish が示すように名詞の起源はたいてい実際に目に見えるものなので、輪郭をもっている場合が多いです。その起源をおさえたうえで輪郭をもたない名詞単体（名

詞そのもの）の意味を調べるという順序で学ぶべきなのです。

　輪郭と中身を正確に捉えることが名詞を理解することにつながります。この意味で輪郭をもつ場合（＝可算）と輪郭をもたない場合（＝不可算）の意味を行き来しやすい辞書はおおいに活用したいものです。

今井　辞書ってそういう使い方ができるんですね。辞書というとたくさんの意味が羅列されているものとしか思っていませんでしたが、数えられる場合の意味と数えられない場合の意味を自分のなかで順番をつけて結びつけていくとおもしろそうな気がします。

〈"fish" or "a fish"?　の答え〉

| 1 | a fish | 2 | a fish | 3 | fish | 4 | fish |
| 5 | fish | 6 | fish | 7 | a fish | | |

　ネイティブも実際に外枠（輪郭）があったとしても、それを無視して中身だけを見ることがあります。6と7はまったく同じ状態の魚ですが、そのようなネイティブのモノの見方を反映しています。

第10章　モノの表現方法（冠詞と名詞）

おわりに

　私がこの本で一番伝えたかったことは、英語も日本語も面白いということです。これは私自身が英語を学んできて感じたことです。
　この本は私が英語を学んできたプロセスをまとめたものです。私も最初は「話せるようになりたい、ペラペラになりたい」という気持ちから英語を勉強し始めました。
　そして2年ほど勉強した結果としてTOEICで515点から現時点では830点というところまできました。しかし、それでもまだうまく話せているとは思えません。まだ英語を自分のものにしきれていないのです。ただ2年前に比べると話せるようになってきているし、聞き取れるようにもなってきました。本書はその過程にいる人間だからこそ書けた部分があると思っています。

　この2年ほどの英会話の学習でいちばん困ったのは、文法書の説明を読んでもよくわからないということでした。一生懸命考えても、なぜこういう表現を使うのか、どうすればこの表現が使えるようになるのかがよくわからなかったのです。
　ネイティブがどういう気持ちでその英文を使っているのかを知りたいと思いました。そこで日本の大学で言語学を専攻している英語ネイティブの大学院生に協力を仰ぎながら、英語に込められた気持ちやネイティブのモノの見方を調べていきました。そのようにして地道にひとつひとつ確認を取っていった内容をまとめたのがこの本です。

その過程でわかったことは、やはり普通のネイティブは母国語について説明するのが苦手だということです。というか、ほぼ説明できないのです。例えばネイティブに「lookとseeとwatchっていうのは何が違うんですか？」と聞くと、澄ました顔で「全部一緒です」などと答えます（笑）もちろんそう答えたネイティブは、この３つをちゃんと使い分けています。日本語をペラペラに話し、さらに言語学（方言）を専攻しているようなネイティブですら、母国語である英語の構造についてはうまく説明できないことがたくさんありました。

　ですから正直に申し上げれば、本書に書いてあることはあくまで私の仮説でしかありません。私がさまざまな文献を調べたり、例文にあたったりしながら立てた仮説ということです。

　もちろん、その内容がネイティブにとってしっくりくるかどうか丁寧に確かめています。そもそもが私の勉強のためだったので、ネイティブが「うん、たぶんそうだと思う」と流したものも、私のほうがしっくりきていなければより突っ込んだ質問をしたりしました。またフィーリングで済ませてもよさそうなところもなるべく言語化するようにしました。

　このような探求の結果、私自身も英語の世界が見えてきたと感じています。しかし同時に、本書で自信をもってお伝えしてきた内容も「唯一無二の正解」にはなりえないと思っています。

　というのも、言語については正解というものがそもそもないと思うからです。誰にでもあてはまるような客観的な正解は存在しなくて、自分の中に正解をつくるという行為が大切なのだろうと思っています。

　一度自分のなかで正解をつくってみて実際に試してみる。そしてフィードバックを得て修正をしていく。そういったことがどうしても必要なのだと思います。

　なので、皆さんもこの本に書いてあることを鵜呑みにしないよう

にしていただきたいと思います。健全な批判精神をもって吟味してもらいたいと思っています。

　健全な批判精神とは完全に信じ込むことではありませんし、完全に拒絶することでもありません。前向きな気持ちで一度は受け入れて実行してみるような「素直さ」は必要だと思いますが、どんなにいいなと思っても最初は 80 〜 90% くらいまでに留めるべきだと思います。

　残りの 10 〜 20% は実際に自分自身がやってみて、自分自身の経験で埋めていってください。やはり正解はみなさんの中にしかないからです。

　自分のなかで正解をつくる過程で大切になるのは「気持ち」や「モノの見方」を捉えようとする姿勢です。そのため「なんかおかしいんじゃないかな」と思うような表現に出会ったら、それをそのまま鵜呑みにせず「なぜなんだろう」ということを考えてもらいたいと思います。

　本書を読んで、英語も覚え込むだけでなく「理解できる」ものだということを皆さんが納得してくださったとしたら、これに勝る喜びはありません。これまで習ってきた英語で「ピンとこないこと」や「釈然としないこと」が積み残されているでしょう。本書によってそんな積み残しが 1 つでも解消したとしたら、たいへん嬉しく思います。

　英語を理解できてくるに従って新しい視点、新しい世界が広がってきます。それは私たちのモノの見方、考え方を豊かにしてくれると思います。

　iPod、iPhone を世に送り出した故スティーブ・ジョブズは日本の「禅」に大変興味をもっていて、Apple を創業するまえは日本にある禅寺の禅僧になるかどうか迷っていたそうです。そのことが彼のイノベイティブな仕事にどのような影響を与えたのかは想像の域を超えていますが、何かのヒントを「禅」から得ていたとしても不思議ではないと思います。

日本語という「自分が場に入り込む言語」と、英語という「自分を場から切り離す言語」を2つながら話せるようになることが、あなたの中で何かのイノベーションを起こすかもしれません。英会話の学習にはそんな楽しみもあると思います。

ストーリーについて

　本書では英会話教材「英会話エクスプレス」から抜粋したストーリーを使用しています。「はじめに」で紹介した「英会話習得の方程式」に基づいており、心構え、理解、時間の各要素をバランスよく学習することができます。

英会話エクスプレスの紹介

「英語の基礎力って、どうすれば身につくんだろう…文法や単語を覚えていくしかないのかな。でも、これまでもそれなりにやってきたんだけどなぁ…」

　英会話で相手の言っていることがわからない経験ばかりしてしまうと、英語に対して苦手意識を持ってしまいますよね。

　本教材はそんな方のために制作をした英会話教材です。初心者の方が無理なく英語の世界に入っていき、英語に親しんでもらうことを主な目的としています。

特徴

(1) 無理なく続けられる

英語学習を習慣付けるために…

えっ！もう今日の分は終わり？

15'00"

1セクション15分で終えられる分量

「英語学習を始めるぞ！」と意気込むのはいいのですが、最初から1日1時間といった高い目標を立てていませんか？

　新しい習慣を身につけるのは大変なこと。最初は頑張りすぎないことが重要です。英語学習を習慣付けやすくするために、1セクション15分で終えられる分量にしています。

(2) 1日1つコアイメージを身につける

確実に積み重ねられるように

今日はこれをしっかり！

be

ガシッ

1日1つコアイメージを学ぶ

　英語学習が習慣付いても、記憶に残らなければ意味がありません。確実に英語学習を積み重ねられるようにするために、セクションごとに1つ英単語をピックアップし、そのコアイメージを解説しています。

(3)「あるある！」と思える物語

解説に集中できるように

フフフッ / コラー！誰がゴリラじゃー！ / ウワー

日本人にとって想像しやすい物語を採用

　話の内容がわかりやすくなければ、解説を読むところまで行き着きません。解説に集中するためにも、その前提となる物語は日本人にとって想像しやすいものにしています。

(4)リスニング教材で受け身でも学習できる

やる気が出ない時も、英語学習を続けられるように

今日はやる気が… / 疲れた〜 / ガタンゴトン

解説も入っているリスニング教材mp3付き

　英会話エクスプレスは「緩い」教材ですが、それでもテキストを読む必要があり、「疲れているときはしんどい」というお声も頂いておりました。そこで、2016年10月にリスニング教材mp3を新たに追加し、音声を聞くだけでも学習を進められるようにしました。

　教材の詳しい内容は英会話エクスプレス出版のHPよりご確認ください。
　英会話エクスプレス６ヶ月コース
　　（https://www.eikaiwa-express.com/course/）

あらすじと登場人物

ほのぼの家族

　小学5年生の太郎と母親のシチュエーション・コメディ。太郎にとっては毎日がちょっとした冒険です。家族のユーモアあふれるやりとりを通じて、生きた英会話を学びます。本書の各所に使われているストーリーです。

●高木太郎(11)
　とても気の優しい元気な小学5年生の男の子。母親の恵子からおつかいを頼まれては、いつも文句を言いながらもテキパキと用事をこなしています。父親の守とは男同士、なぜか馬が合うようです。

●高木恵子(37)
　太郎の母。太郎や守にいつも文句を言っていますが、実は家族思いの優しいお母さんです。ただ、ちょっとケチなのが玉にキズかもしれません。

●高木　守(39)
　太郎の父。車が趣味の普通の会社員です。恵子によくガミガミ言われますが、たいてい右から左に聞き流しています。守はそろそろ車を買い換えたいようですが…。

●高木花子(0)
　太郎の妹。まだおっぱいが恋しい年頃です。

●小林信一(11)
　太郎のクラスメイトで親友。マンガが大好きで信一の本棚はマンガで埋め尽くされています。

●小林真美(6)
　信一の妹。少し人見知りをするところはありますが、活発な女の子です。チョコレートが大好きです。

●小林典子(37)
　信一の母。ちょっと教育ママの傾向があるようで、信一についつ

いお説教を言ってしまいます。

京の都で過ごす夏

　北海道からきた大学生の大和には目に映るものすべてが新鮮で楽しい京都。祇園祭など夏の京文化を織りまぜながら大学生の日常生活を描きます。第7章と8章に出てくるストーリーです。

●**桜井大和(18)**
　京都の大学に通うため一人暮らしを始めた大学生。積極的な性格で何事にもチャレンジします。北海道出身で暑さは苦手です。

●**丸山智一(19)**
　大和と同じ大学に通う大学生。京都の東山の実家に住んでいます。明るく、楽天的な性格で周りを和ませます。

●**丸山妙子(45)**
　智一の母。のんきな智一に小言を言うこともありますが、大和を家族のように扱うなど、とても気が利く優しい女性です。近くの料亭で女将を務めています。

●**飯田加奈(19)**
　大和、智一と同じ大学に通う大学生。東京出身で京都に一人暮らしをしています。しっかりもので周りを引っ張る性格です。

●**桜井直美(47)**
　大和の母。この春から京都で一人暮らしを始めた大和が心配で、つい口うるさくなってしまいます。

あなたの街を紹介しよう

　オーストラリア人の留学生マイクには日本はどのように見えるのでしょうか。ホームステイ先の家族との会話を通じて、これまで気づかなかった日本文化を発見できます。第8章に出てくるストーリーです。

●マイク・グリーン(20)
　オーストラリアからの留学生。高橋家にホームステイして、大学で日本語を勉強しています。日本の伝統と日本人の文化に大変興味をもっています。
●高橋健二(40)
　貿易会社で働く会社員。まじめで家族を大切に思う優しい人柄ですが、やや気が弱い。お酒が大好き。
●高橋明子(40)
　主婦・健二の妻。いつもテキパキと家事をこなします。明るい人柄で、人が良い。温泉好き。

新人優子の仕事の時間

　新社会人の優子が上司のサポートにより、一人前の社会人に成長していく物語です。いつもは頼れる上司のおちゃめな一面も垣間見えます。第9章に出てくるストーリーです。

●今野優子(22)
　株式会社グリーンオフィスに入社。企画開発事業部に配属され、新商品開発に携わることになりました。性格は素直で何事にも一生懸命。裏表がなくさっぱりとしていますが、物事をはっきりと言い過ぎるところもあります。O型気質の持ち主らしいユニークな一面もあります。
●加藤孝一(38)
　今野優子の上司。企画開発課長。妻と小学1年の息子がいます。好奇心旺盛で行動派。気さくで楽しい性格。

サンフランシスコにて

　洋子は大学の長期休暇を利用してサンフランシスコを訪れます。アメリカ人青年との運命的な出会いを経て、洋子は旅の終わりにある決意をします。第10章に出てくるストーリーです。

●坂本洋子(20)

英語が好きな東京出身の大学二年生。今回は旅行でサンフランシスコを訪れました。

●ジョン・フェアウッド(30)

サンフランシスコの旅行会社、ワールドトラベル社に勤める観光ガイド。日本での観光業務を終え、サンフランシスコへ帰る機内で洋子と出会います。明るく親切でユーモアのある人物です。

モン・サン・ミッシェルOL二人旅

千穂は大学時代からの女友達と二人でフランス旅行に出かけます。しかし旅先でお互いに行きたい所を譲らずケンカに。二人の旅はどうなってしまうのでしょうか。第9章に出てくるストーリーです。

●綾瀬夏帆(27)

実行力があり言いたいことや思ったことをズバッと言ってしまいます。また自分で物事を決めないと気が済まないリーダー型で、周りを引っ張っていく力があります。一方でそれが原因で周りから反感を買ってしまうことも…。

●松川千穂(27)

持ち前の責任感もあり一人で仕事を抱え込みがちです。その結果、私生活に余裕がなくなってきていることが悩みの種。部下の面倒見がよく、部下からも慕われています。その一方で上司などに言いたいことが言えず板挟みになることも…。

参考文献

ロンブ・カトー
『わたしの外国語学習法(文庫版)』
筑摩書房, 2000

　第1章の第1節「英語に興味をもつ」と第2節「新しい自分を許容する」は、こちらの書籍から着想を得ています。この書籍からは多くのことを学びました。特に『言語から文法を学ぶのであって、文法から言語を学ぶのではない』という指摘は、英文法に偏っていた私の英語観を正してくれました。私が本を執筆するきっかけとなった書籍です。

ガイ・ドイッチャー
『言語が違えば、世界も違って見えるわけ』
インターシフト, 2012

　第2章の第1節「文化の違いが表現に顔を出す」は、こちらの書籍から着想を得ています。母国語が「モノの考え方」に対してどれほど影響を与えているか、ということを多くの例を引きながら説明しています。モノの配置を「前後左右」(自己中心座標)ではなく「東西南北」(地理座標)で捉える言語の事例などは、私たちのもっている常識が絶対的なものではないことに気づかせてくれます。

丸山 圭三郎
『言葉とは何か(文庫版)』
筑摩書房, 2008

　第2章の第2節「英語の表現方法を3つの視点から理解する」で取り上げた「砂地に広げた網」は、こちらの書籍から着想を得ています。英単語の意味をひたすら暗記していた自らの学生時代を否定するわけではありませんが、英語と日本語で網目が異なっているこ

とを知っていたら、英単語への取り組み方も違っていただろうと感じました。

月本 洋
『日本人の脳に主語はいらない』
講談社, 2008

　第2章の第3節「英文とイメージを結びつける」は、こちらの書籍から着想を得ています。英語を話そうと思ったときに、体の動きも一緒にして考えることができた人は、そんなに多くなかったのではないでしょうか。他人の行動を真似して擬似体験することが、他人を理解することであるという指摘は、コミュニケーションの本質を突いていると思います。

白井 恭弘
『外国語学習の科学（新書版）』
岩波書店, 2008

　第3章の第1節「インプットに多くの時間をかける、アウトプットの場を確保する」は、こちらの書籍を参考にしています。外国語の習得方法として、これまで突出した個人の勉強法が喧伝されることが多かったように思いますが、それ以外にも、こちらの書籍のような科学的データに基づいた勉強法の研究が進むことを期待しています。

森沢 洋介
『みるみる英語力がアップする音読パッケージトレーニング』
ベレ出版, 2009

　第4章は、こちらの書籍を参考にしています。私が英会話の勉強を始めたとき（2010年12月）最初に取り組んだ書籍でした。英文を音読することの効用を実感するとともに、単調な音読を継続することの難しさも経験しました。何とかして音読に遊びの要素をいれ

たいと思い、考えだしたものが第4章で紹介している「段階的音読・暗唱」です。

大西 泰斗, ポール・マクベイ
『一億人の英文法』
ナガセ, 2011

　第5章から第8章にわたって、こちらの書籍から着想を得ています。ネイティブが英文法をどのように捉えているのかを、読んでいてクスッとするユーモアのある文章と楽しいイラストで説明しています。私はこの本で英文法を体系的に学びました。英文法も丁寧に説明すれば、日本人でも納得できることを実感しました。

マーク・ピーターセン
『日本人の英語（新書版）』
岩波書店, 1988

　第10章の第1節「モノの表現方法」は、こちらの書籍から着想を得ています。日本語と英語のズレをネイティブの側から浮き彫りにした内容は、私に「ネイティブの考え方」を想像しやすくしてくれました。英語に含まれている自然さに思いを寄せるようになったのは、この本のおかげです。

佐久間 治
『英語の語源の話』
研究社出版, 2001

　第10章の第2節「枠のある表現」で取り上げた one と a/an は、こちらの書籍から着想を得ています。誤解しやすい文法用語「不定詞」についての指摘は、第6章の第1節「先に状態を宣言、すぐ後で内容を説明」で取り上げさせていただきました。

スペシャルサンクス

◎**執筆アシスタント**
　今井浩介
◎**編集**
　榎森潤二
◎**英文監修**
　Victoria Bloyer
◎**表紙装丁**
　sunny-side
◎**イラスト（挿絵）**
　jyuri--
◎**校正**
　鷗来堂
◎**本文デザイン・組版**
　松尾美恵子（鷗来堂）
◎**制作**
　英会話エクスプレス出版

著者紹介

遠藤雅義（Masayoshi Endo）

東京大学理学部数学科卒。現在、株式会社アイディアミックス代表取締役社長。

英会話の学習を2010年12月から開始。一年間「音読」を毎日4時間ひたすら行うが、英会話が上達した実感がなく、2011年11月に受けたTOEICスコアも期待したほどではなかった。2012年から英語表現の背景や文化も含めて学ぶように方針を切り替えた結果、2012年12月に受けたTOEICは約200点のアップとなった。2012年7月から英文監修者であるVictoria Bloyerと共に、ネイティブの発想・考え方について研究を行っている。

著者のTOEICスコア推移

2006年5月	2011年11月	2012年12月
515点	635点	830点

英会話イメージリンク習得法
英会話教室に行く前に
身につけておきたいネイティブ発想

2013年10月13日　初版　　第一刷発行
2018年 5月13日　第二版　第一刷発行

著者	遠藤雅義
発行人	遠藤雅義
発行所	英会話エクスプレス出版

（株式会社アイディアミックス内）
〒770-0844　徳島県徳島市中通町1-20 cube-g中通町405
TEL　050-3754-1896（株式会社アイディアミックス代表番号）
ホームページ　https://www.eikaiwa-express.com/

印刷・製本所	シナノ印刷

乱丁・落丁本はお取り替えいたします。本書の一部あるいは全部を無断で複写複製することは、法律で認められた場合を除き、著作権の侵害となります。定価はカバーに表示してあります。

ISBN 978-4-9907223-0-2 C0082 ©2013 Masayoshi Endo Printed in Japan